# Quiromancia SEM MISTÉRIOS

# Quiromancia SEM MISTÉRIOS

## A LEITURA DAS MÃOS PARA DESCOBRIR A PERSONALIDADE E OS POTENCIAIS DE QUALQUER PESSOA

JOHNNY FINCHAM

TRADUÇÃO
CAESAR SOUZA E VAL VENTURELLA

Editora
Pensamento
SÃO PAULO

Título do original: *The Little Guide to Palmistry.*



Publicado pela primeira vez no Reino Unido e nos Estados Unidos em 2023 por Watkins, um selo da Watkins Media Limited, www.watkinspublishing.com.



1ª edição 2024.



**Designer:** Steve Williamson
**Chefe de design:** Karen Smith
**Ilustrador:** Sneha Alexander

**Editor:** Adilson Silva Ramachandra
**Gerente editorial:** Roseli de S. Ferraz
**Gerente de produção editorial:** Indiara Faria Kayo
**Preparação de originais:** Marta Almeida de Sá
**Editoração eletrônica:** Ponto Design
**Revisão:** Erika Alonso

Dados Internacionais de Catalogação na Publicação (CIP)
(Câmara Brasileira do Livro, SP, Brasil)

Fincham, Johnny
Quiromancia sem Mistérios : a a leitura das mãos para descobrir a personalidade e os potenciais de qualquer pessoa / Johnny Fincham ; tradução Caesar Souza e Val Venturella. -- 1. ed. -- São Paulo : Editora Pensamento, 2024.

Título original: The little guide to palmistry.

ISBN 978-85-315-2393-9

1. Quiromancia I. Título.

24-224207 CDD-133.6

Índices para catálogo sistemático:
1. Quiromancia 133.6
Cibele Maria Dias - Bibliotecária - CRB-8/9427

Direitos de tradução para o Brasil adquiridos com exclusividade pela
EDITORA PENSAMENTO-CULTRIX LTDA., que se reserva a
propriedade literária desta tradução.
Rua Dr. Mário Vicente, 368 – 04270-000 – São Paulo – SP – Fone: (11) 2066-9000
http://www.editorapensamento.com.br
E-mail: atendimento@editorapensamento.com.br
Foi feito o depósito legal.

# SUMÁRIO

# INTRODUÇÃO

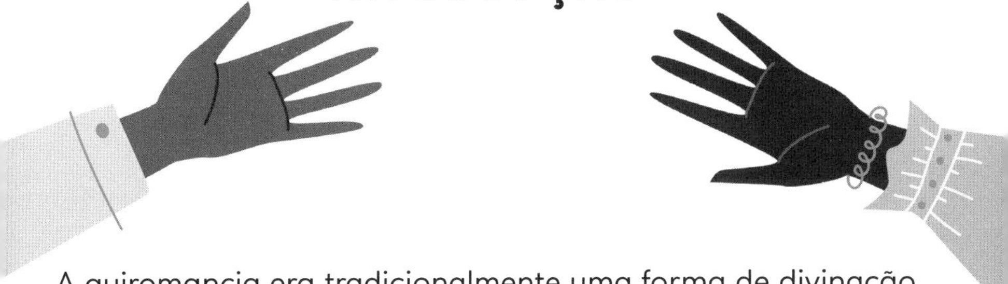

A quiromancia era tradicionalmente uma forma de divinação que focava, sobretudo, as linhas das palmas das mãos. A partir dessas linhas, as pessoas faziam predições fantásticas sobre amor, vida, morte, boa e má fortuna. Colocávamos grande importância em marcas de linhas especiais como a "estrela da fortuna" ou o "triângulo sagrado". Assim, a leitura das mãos, muitas vezes, incorre em uma pesada carga de medo, superstição e ceticismo.

A ciência definiu como indicações acuradas do caráter de uma pessoa os aspectos mais amplos da quiromancia – o comprimento relativo dos dedos, os padrões de impressão digital, o formato da palma da mão, a textura da pele. Os primeiros psicólogos – Julius Spier, Carl G. Jung e Charlotte Wolfe – estabeleceram ligações concretas entre características das palmas das mãos, inteligência e personalidade, direcionando a arte da quiromancia do domínio místico ao domínio da ciência. Nos últimos tempos, pesquisadores na área da antropologia conduziram experimentos provando que, se alguns dedos são particularmente grandes ou pequenos, refletem traços distintos da personalidade. Como tal, a quiromancia foi além de olhar apenas marcas de linhas nas palmas das mãos.

A quiromancia nunca foi mais poderosa, progressiva e vibrante do que agora. Na pesquisa médica, na psicologia, na antropologia e na genética, as palmas das mãos têm sido um espelho incrível para o funcionamento interno da mente. A área do cérebro atribuída às mãos é maior do que a focada em qualquer outra parte do corpo, pois usa uma vasta parte do cérebro em termos de conexões motoras e neurais. Seu tamanho relativo na área cerebral tornaria as mãos do tamanho de portas de casas!

Ao começar a ler este livro, é preciso, em princípio, entender a quiromancia não apenas como uma arte fatalista, determinante, mas, de um jeito mais primordial, como um espelho para a autocompreensão. Embora as palmas das mãos indiquem determinadas características de uma pessoa, as linhas das mãos mudam ao longo do tempo, de modo que nenhum padrão traçado nelas é fixo. Nossa vida está, no âmbito literal e figurativo, em nossas mãos.

## UMA BREVE HISTÓRIA DA QUIROMANCIA

Nós, humanos, sempre fomos fascinados por nossas mãos. Se mergulharmos de um modo profundo na História, perceberemos que mesmo os habitantes pré-históricos das cavernas viam as próprias mãos como representantes de sua individualidade. Antropólogos argumentam que as impressões das palmas das mãos encontradas nas cavernas pré-históricas ao redor do mundo foram tentativas de nossos ancestrais de deixar uma assinatura pessoal de posse. Como a impressão de cada uma das palmas das mãos é única, seria possível identificar como era a vida da pessoa que viveu em uma determinada caverna.

O estudo da quiromancia encontrou seu caminho ao redor do mundo com o passar dos anos. A primeira prática documentada de leitura das mãos de que temos registro foi feita na Índia: *The Teachings of Valmiki Maharshi on Male Palmistry* [Os Ensinamentos de Valmiki Maharshi sobre a Quiromancia Masculina], obra escrita por volta de 2000 aec que tem suas raízes na astrologia hindu. Daí, foi levada para a China, a Suméria, a Pérsia, o Egito e a Grécia. Muitas figuras históricas renomadas estudaram quiromancia, entre elas Aristóteles, Hipócrates e Alexandre, o Grande.

Até certo ponto, a quiromancia permaneceu nas sombras, sendo proibida por todas as principais religiões, inclusive pela Igreja Católica (embora seja mencionada na Bíblia três vezes!). Ela só florescia quando o poder das estruturas religiosas monolíticas declinava. Por exemplo, durante a Reforma na Inglaterra, o interesse por quiromancia e astrologia cresceu. Thomas Cromwell mencionou em seu diário que teve sua mão lida na Itália e disse que lhe foi profetizado que alcançaria grandeza. Há inúmeros exemplos de pessoas que se voltaram à quiromancia durante a República de Weimar, na Alemanha – até mesmo as palmas das mãos de Albert Einstein foram lidas.

Sem dúvida, o leitor das mãos mais popular na história do mundo foi o grande William John "Cheiro" Warner (1866-1936), que alcançou *status* de celebridade mundial em sua época lendo para notáveis como Oscar Wilde, Mark Twain, o general Kitchener, Thomas Edison e o Príncipe de Gales.

Em tempos recentes, a leitura das mãos emergiu para a cultura popular à medida que a fascinação com a espiritualidade alternativa floresceu. A ciência, sobretudo a Medicina, também examinou as linhas das mãos e estabeleceu que marcas, diferenças nos dedos e impressões nas mãos se manifestam nas características individuais.

## O QUE A LEITURA DAS MÃOS PODE E O QUE NÃO PODE LHE DIZER

A quiromancia é sobretudo um meio de autoconhecimento. Não um tipo de leitura da sorte. Não há estrangeiros altos, morenos e bonitos marcados nas linhas das mãos; elas também não lhe dirão quanto tempo você vai viver. Contudo, informações de fato surpreendentes podem ser obtidas por meio da leitura das linhas das mãos: sensibilidade, equilíbrio emocional, confiança, inteligência e inúmeras outras qualidades.

As linhas das palmas das mãos mudam com o tempo, refletindo novos padrões de comportamento. Pelo fato de as mãos das crianças mudarem, modificações nas linhas das mãos são particularmente claras e fáceis de ver. Quando envelhecemos, os dedos se curvam, as linhas ficam mais longas ou curtas e marcas aparecem e desaparecem. Tenham sempre em mente que as marcas que você vê agora podem estar diferentes daqui a um ano. Se você tirar impressões das palmas (ver p. 15) em intervalos regulares, poderá rastrear com clareza as mudanças que ocorrem nelas ao longo do tempo.

## COMO APROVEITAR AO MÁXIMO ESTE LIVRO

Cada capítulo oferece uma infinidade de informações, portanto, tente compreender bem os conceitos de um antes de passar para o outro. Incluí pontos de aprendizagem no fim de cada capítulo para ajudar você a absorver as informações.

Pode ser útil observar também exemplos da vida real. As palmas das mãos são facilmente acessíveis e podem ser um grande recurso enquanto aprende, mas você também pode pedir a seus amigos ou a alguém de sua família que ofereça as mãos para que pratique seus aprendizados. Isso lhe permitirá comparar diferentes detalhes e tipos, pois uma palma não é igual à outra. Por exemplo, quando você aprender a identificar como é uma impressão digital espiral e o que ela significa (ver p. 53), tente encontrar uma espiral no dedo de alguém que você conheça. Converse com essa pessoa para saber como ela vivencia as características associadas à impressão espiral. É importante começar a examinar e a interpretar as linhas das mãos assim que possível, usando este livro como guia. Muitos quiromantes iniciantes acreditam que não sabem o suficiente para começar a ler mãos; no entanto, à medida que adquirem experiência e aprendem quão verdadeiro e poderoso é esse processo, a confiança e a habilidade vão aumentar.

Um conselho essencial para se ter em mente em qualquer leitura é: **ignore qualquer coisa comum ou insignificante**. Você sempre deverá procurar detalhes que tornam uma pessoa única. Qualquer característica considerada comum, como o comprimento médio de um dedo ou uma impressão de laço ulnar comum (ver p. 53), pode ser ignorada de imediato. Isso facilitará seu trabalho de leitura.

Uma leitura das mãos é um ato de equilíbrio. Nunca se apegue a uma única linha nem a veja como um traço de caráter em si. Você deve considerar também o formato da palma da mão, a textura da pele, os dedos e outros fatores. Cada elemento é apenas uma peça do quebra-cabeça em uma imagem maior. A habilidade de uma boa leitura das mãos tem base na capacidade de reunir observações e formular a imagem equilibrada de uma pessoa.

Não acredite apenas na minha palavra – verifique cada detalhe você mesmo. Se alguém disser que pessoas com pele grossa são tipos que gostam de viver ao ar livre, saia e procure um agricultor ou um pescador e veja que tipo de pele ele tem. É preciso se apropriar da linguagem secreta da quiromancia e testar seu valor.

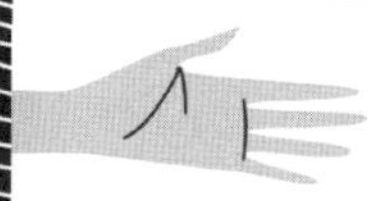

## PONTOS DE APRENDIZAGEM

**A quiromancia tem a ver com autocompreensão, não com predições.**

**As linhas das palmas das mãos não são fixas; elas mudam enquanto crescemos e adotamos novas características.**

**Leia a mão inteira, não apenas uma única marca.**

**Use o que você aprende na vida real, examinando as palmas (e os dedos) de amigos, de familiares, de colegas de trabalho etc.**

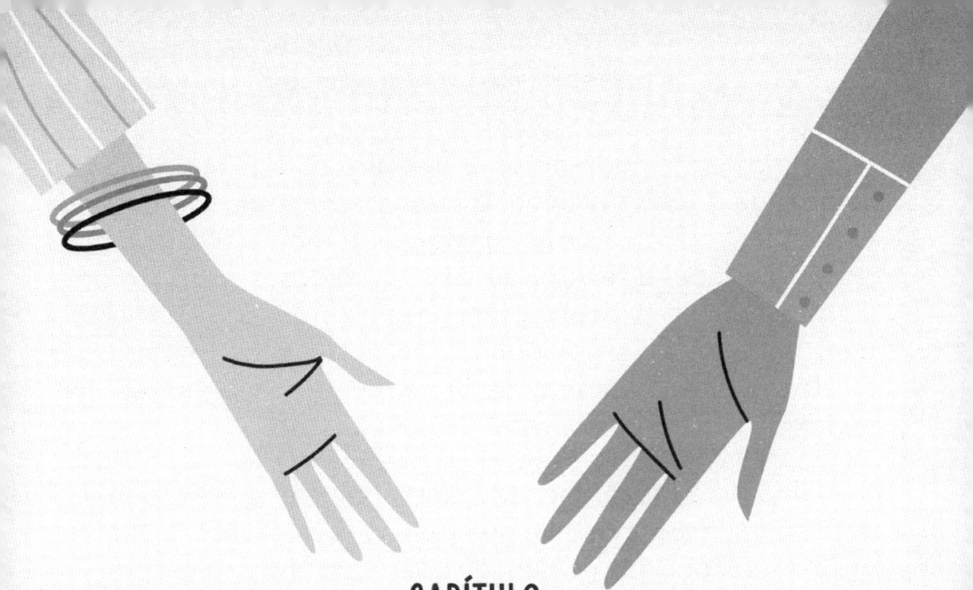

# CAPÍTULO

# 1

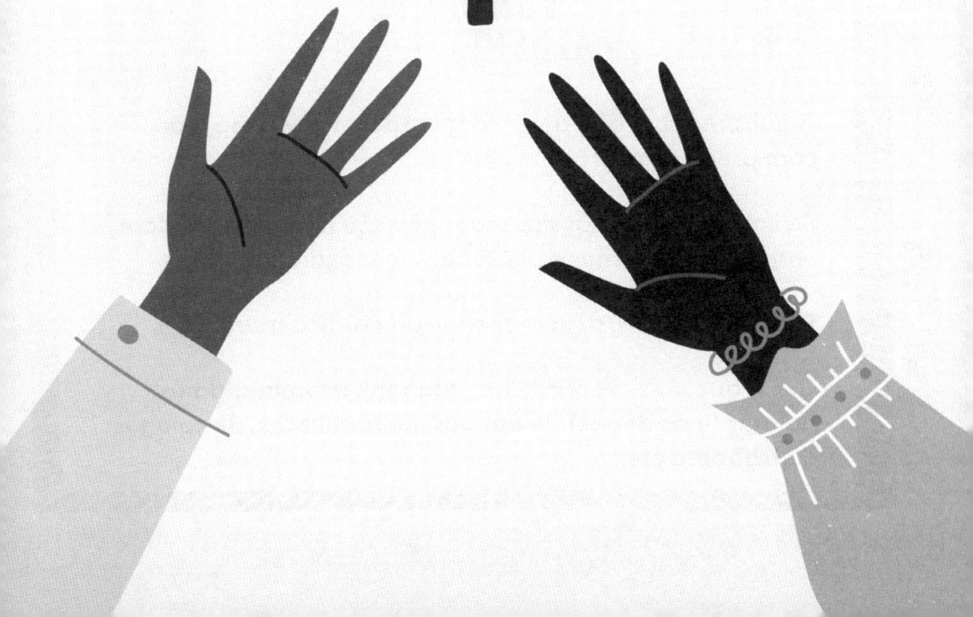

# CONHECENDO A MÃO

Quando você olha para as mãos de uma pessoa, é difícil saber por onde começar. A leitura das mãos é uma tradução de suas observações e impressões em traços e qualidades pessoais claros e compreensíveis. Tente não se apressar e pondere cada ponto com cuidado. É importante estudar as palmas das mãos de maneira sistemática, estágio por estágio, capítulo por capítulo, como você estuda este livro.

## PRIMEIRAS IMPRESSÕES

A primeira impressão é sempre importante – nunca a desconsidere. Não se preocupe se não lhe vier de modo natural no início. A prática faz a perfeição, e você aprenderá ao prestar atenção. A seguir, apresento algumas de minhas dicas principais para que você saiba o que focar. Dê uma olhada em suas mãos, ou nas de uma pessoa próxima, e, com a ajuda deste guia, veja quais são suas primeiras impressões.

Contudo, tome cuidado para não confiar de imediato em sua primeira impressão sem fazer uma análise extra. Ao ler as mãos, você deve aprender a confiar no que cada palma está lhe dizendo, não nos traços que seus clientes estão exibindo. Por exemplo, as palmas de uma pessoa extraordinária e aparentemente extrovertida pode mostrar sinais de uma tremenda insegurança e falta de confiança em si. Você deve aprender a confiar na verdade do que a palma está revelando a você, não na personalidade superficial.

Assim, use o guia a seguir para formar suas primeiras impressões e, então, voltar para seus pensamentos iniciais depois de ter feito uma leitura completa da mesma mão. Como você se saiu?

### TAMANHO DA MÃO

Primeiro, quão grande é a palma da mão que você está lendo? Em muitos casos, o tamanho da mão é mais ou menos proporcional ao tamanho da pessoa. No entanto, às vezes, a palma de uma mão é particularmente grande ou pequena – como se pertencesse a alguém maior ou menor que a pessoa em questão. Pessoas com mãos desproporcionalmente grandes são boas em detalhes e gostam de analisar tudo de maneira meticulosa. Técnicos em odontologia, cirurgiões, violonistas clássicos e joalheiros, em geral, têm mãos grandes. As pessoas com mãos pequenas são o oposto: trabalham rápido e lidam de maneira corajosa com a vida; parecem correr a uma velocidade maior do que muitas pessoas e são ótimas em gerir grandes projetos quando podem ver o contexto geral, mas têm pouca paciência e nenhum tempo para detalhes. Encontramos mãos pequenas em desportistas, nas pessoas que se apresentam em público e que administram negócios dinâmicos.

### MÃOS ATIVAS E PASSIVAS

A mão com a qual escrevemos e apanhamos uma bola é nossa mão dominante ou ativa. A palma dominante revela nossa personalidade desenvolvida, exterior, madura – a face que revelamos ao mundo. A palma não dominante ou passiva mostra nossa personalidade subconsciente, latente, interior. Muitas vezes, revela problemas e motivações dos quais não temos consciência, que são parte de nossas experiências formativas. A mão passiva é muito mais representativa da maneira como uma pessoa foi na infância. Apenas nossos pais e aqueles que nos são íntimos nos reconhecem como a pessoa apresentada na mão passiva.

Ambas as mãos deveriam ser consideradas em uma leitura. Se houver muita diferença entre as palmas das mãos, é sinal de que a pessoa se desenvolveu e mudou muito durante a vida. Se a pessoa é mais velha, a mão ativa provavelmente expressa mais sua personalidade, então, convém dar mais atenção a essa mão. Isso se deve ao fato de já ter vivido uma grande parte da vida e se transformado na pessoa que é. Contudo, a mão passiva ainda mostra um lado oculto dessa pessoa, que o mundo não vê, por isso, a mão passiva não deve ser completamente desconsiderada.

### *EXTENSÃO*

Verifique a extensão medindo, primeiro, a largura da palma, começando da direita para a esquerda, logo acima do polegar. Agora, compare-a ao comprimento, que deve ser medido desde abaixo do dedo médio até a base da palma. A palma é larga, talvez tão larga quanto longa? Ou é estreita, dando à mão um formato distintamente oblongo? Palmas largas simbolizam uma perspectiva determinada, estável, prática; essa pessoa tende a buscar ordem e a impor estabilidade. Se a palma é estreita, indica uma abordagem mais intuitiva, instintiva e criativa da vida. Pessoas com palmas oblongas são altamente responsivas no seu ambiente e um tanto afetadas por outras pessoas. Por outro lado, pessoas com palmas muito estreitas podem, às vezes, ser sensíveis no aspecto psicológico e tendem a ser mais introvertidas.

### *COR*

A cor também pode indicar o caráter da pessoa. Mãos avermelhadas, róseas, significam calor interno, energia e paixão represadas. Palmas pálidas e úmidas demonstram uma disposição letárgica e uma atitude mais passiva em relação à vida.

### *TEXTURA DA PELE*

A pele do interior da palma da mão indica a sensibilidade física de uma pessoa e o modo como ela reage ao mundo ao seu redor. A textura da pele pode revelar muito sobre uma pessoa, inclusive sua dieta, carreira, estilo de vida e o tipo de relação que deseja ter com o mundo. A pele da palma da mão (e também a da sola dos pés) é coberta de sulcos finos e múltiplas glândulas sudoríparas e receptores nervosos. Quanto mais grosseiros e ásperos esses sulcos, mais insensível e dura é a personalidade da pessoa. Isso se deve ao fato de a superfície interna da palma da mão indicar a complexidade do sistema nervoso central de uma pessoa.

Há dois modos de medir a textura da pele: você pode apenas sentir a superfície usando a extremidade do dedo indicador, passando-o através do meio da palma (ou de uma área próxima ao centro onde não há calos), ou pode analisar a impressão da palma de uma mão (veja p. 15) e examinar os sulcos da pele e o número, a densidade e a qualidade das linhas em detalhe.

## OS QUATRO TIPOS DE PELE DA PALMA

Há quatro texturas básicas de pele que podem ser encontradas nas palmas das mãos de uma pessoa, e cada uma indica algo diferente.

### *PELE SEDOSA*

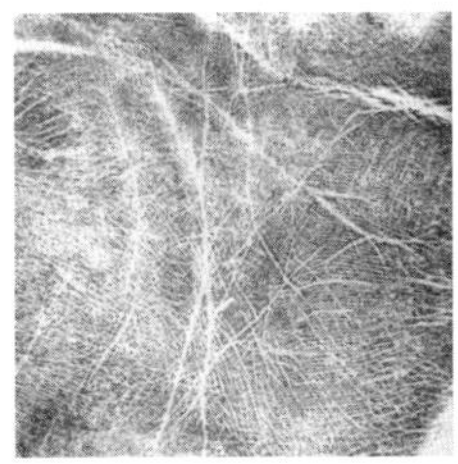

Se a pele parece ultrafina e macia, ou a impressão mostra sulcos pouco visíveis e muitas linhas finas, a pessoa é hipersensível – tem uma aversão a conflitos e situações difíceis e é fisicamente delicada, com uma disposição irritável e frágil. Esse tipo de pele – conhecida como pele sedosa – é comum entre terapeutas alternativos, cuidadores, mestres espirituais, intuitivos, artistas e estetas.

### *PELE DE PAPEL*

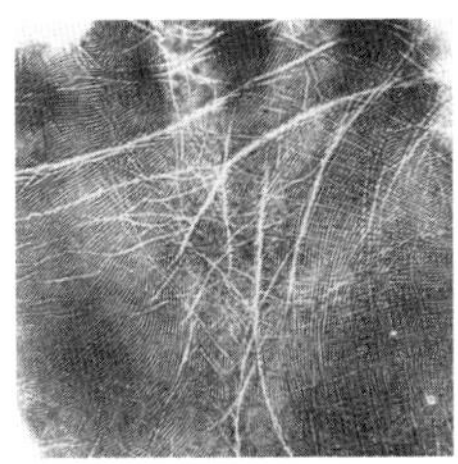

Se a pele parece fina como papel, é seca e tem uma cor levemente amarelada, ou se a impressão mostra sulcos estreitamente granulados e finos, com linhas longas e irregulares, a pessoa é cerebral, consciente e altamente visual. É uma pessoa sensível, mas, na superfície, um pouco fria e responsiva a ideias, imagens, falas, livros, palavras e outros tipos de linguagem. Esse tipo de pele – conhecida como pele de papel – é comum entre professores, funcionários de escritórios, operadores de centrais de atendimento e qualquer pessoa que tenha habilidades com tecnologia e comunicação no trabalho.

### *PELE GRANULADA*

Se a pele parece granulada, ou se a impressão mostra sulcos firmes e duros na pele com linhas fortes e vermelhas como cortes, a pessoa é orientada à ação. É uma pessoa que está sempre ocupada e é "fazedora" por natureza. Esse tipo de pele – conhecida como pele granulada – é comum entre pessoas esportivas e orientadas a negócios. A pele granulada é muito mais comum em homens do que em mulheres.

### *PELE GROSSA*

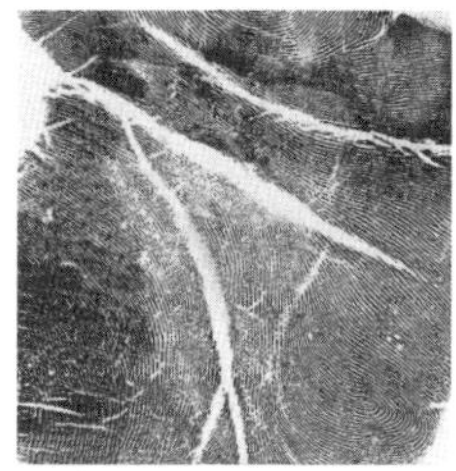

Se a pele parece dura e áspera, com sulcos que ao toque lembram madeira, ou se a impressão mostra apenas algumas linhas profundas, a pessoa é robusta e gosta muito de estar ao ar livre. É fisicamente rígida, com habilidades manuais e mais prática que emocional. Esse tipo de pele – chamado pele grossa – é comum entre botânicos, jardineiros, agricultores, pescadores e trabalhadores manuais. São pessoas imunes à temperatura exterior e amam estar em movimento. É muito raro ver pele grossa em uma mulher, mesmo que trabalhe no cultivo da terra, em pesca ou jardinagem.

## FAZENDO IMPRESSÕES DA MÃO

Para examinar uma mão de maneira adequada e registrar mudanças nas palmas ao longo do tempo, você precisará tirar impressões. Essa é uma habilidade que requer prática.

### VOCÊ VAI PRECISAR DE:

★ tinta à base de água preta ou marrom para impressão em bloco

★ um rolo de pintor

★ folha de papel tamanho A4 simples

★ lente de aumento (opcional, dependendo de sua visão)

### MÉTODO:

1. Trabalhe em uma superfície plana e lisa, como uma mesa com acolchoamento fino – talvez uma revista – sob o papel no qual você imprimirá.

2. Esprema um centímetro de tinta sobre qualquer superfície lisa não absorvente.

3. Passe o rolo para cima e para baixo na tinta até que esteja coberto, mas tente usar o mínimo possível.

4. Peça à pessoa cujas mãos você imprimirá para relaxá-las. Trabalhando em uma mão a cada vez, passe o rolo com cuidado sobre a palma da mão, cobrindo sua superfície inteira, incluindo os dedos, com uma camada fina e uniforme de tinta. Siga os contornos da mão e passe o rolo nas regiões descobertas.

5. Em seguida, pressione a palma sobre o papel, usando bastante pressão sobre os dedos e a palma. Se a palma tiver um vão grande no centro, dificultando a impressão, levante a mão e empurre o papel no vão.

6. Remova o papel com cuidado e examine a impressão.

## FORMATO DA MÃO

No início da década de 1960, o quiromante, artista e astrólogo Fred Gettings reviveu um método centenário de categorizar as palmas das mãos que é extremamente efetivo. Ele desenvolveu um sistema quádruplo com base nos elementos tradicionais de Terra, Água, Fogo e Ar. Isso funciona muito bem para 70% das pessoas cuja palma da mão pode ser classificada em um elemento definido. No entanto, 30% das mãos são indefinidas e difíceis de categorizar desse modo. É importante observar que as mãos que mostram um elemento claro sempre têm algumas contradições num nível mais profundo de análise que as impede de se conformar 100% com um elemento. Contudo, quando uma mão se classifica em um padrão elemental clássico, permite acessar um modo maravilhoso e poderoso de ler a natureza geral de seu caráter antes de se introduzir em uma análise detalhada. O sistema elemental leva em conta a mão inteira, inclusive os dedos. Por isso, sugiro que examine bem suas mãos e tente identificar se elas se encaixam nas categorias elementais, então retorne e tente de novo, depois de ler o Capítulo 2, que ensina a conhecer seus dedos.

## *MÃO TERRA*

Mãos do elemento Terra são quadradas, grossas e pesadas. Ela é carnuda e bem polpuda, tem pouquíssimas linhas, e seus dedos são curtos e rígidos. Pessoas de mão Terra costumam ter baixa estatura e são atarracadas, mas têm força e resistência naturais. São dotadas de habilidades práticas, manuais, e tendem a ter ofícios como jardinagem, construção ou confecção de cestos. Sua visão da vida tende ao pragmatismo, e são céticas em relação a filosofias abstratas, ideais e visões elevadas. Confiam apenas no que é familiar e comprovado. Família e lar, tradição e passado são muito importantes na consciência da pessoa de mão Terra. Pessoas com esse tipo de mão, em geral, têm famílias grandes, e, como são confiáveis, despretensiosas e estáveis, costumam ser bons pais e mães. Muitas vezes, sacrificam oportunidades em prol da segurança, e mudanças são vistas por elas com apreensão. Pessoas de mãos Terra são as que fazem o trabalho crucial que apoia a sociedade, mas que, muitas vezes, passa despercebido e não é recompensado: cuidadores, faxineiros, operários de fábrica, motoristas de caminhão, construtores, trabalhadores do setor de saneamento, agricultores, jardineiros e mineiros.

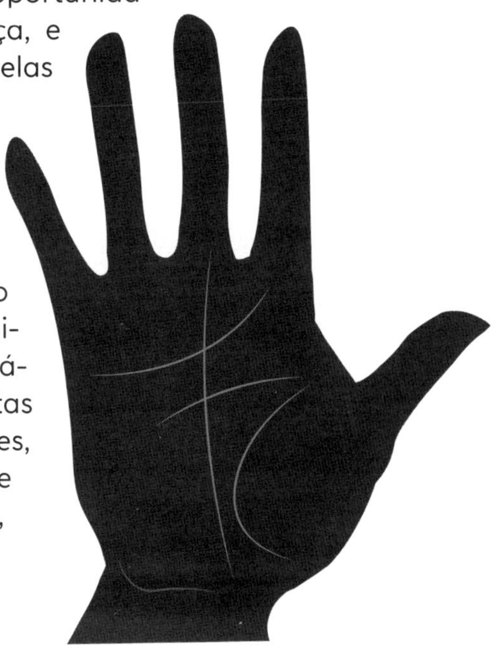

### *MÃO ÁGUA*

Mãos Água têm uma palma estreita e retangular. Os dedos são longos e flexíveis, e há inúmeras linhas finas e delicadas em sua palma. Tipos Água, em geral, têm pele pálida e articulações bastante flexíveis. Muitas vezes, os olhos são expressivos e o cabelo é longo. A natureza estreita da palma da mão torna a pessoa Água um tanto receptiva ao seu ambiente. A mão Água demonstra uma natureza responsiva, instável, orientada por impulsos, sensações e emoções. Relações dominam a consciência de pessoas Água. Elas também são astutas em estabelecer conexões de maneira intuitiva e criativa entre ideias, objetos e pessoas. Isso lhes dá uma perspectiva intensamente espiritual, que, muitas vezes, se manifesta em qualidades artísticas. Como são orientadas por impulsos mais profundos, as pessoas de mão Água tendem a buscar carreiras que não são monótonas nem fisicamente exigentes, como as de terapeutas alternativos, conselheiros, mestres religiosos, artistas, poetas, trabalhadores da área social, de caridade e com crianças, conselheiros pessoais e esteticistas. Pessoas com mãos Água não gostam de discussões e odeiam competição. Em vez disso, tendem a buscar harmonia e tranquilidade interior; por isso, as relações são priorizadas em detrimento da busca por riqueza ou poder. Objetivos são atingidos por meio de trabalho em equipe, por intermédio de amizades e pela cooperação com outras pessoas.

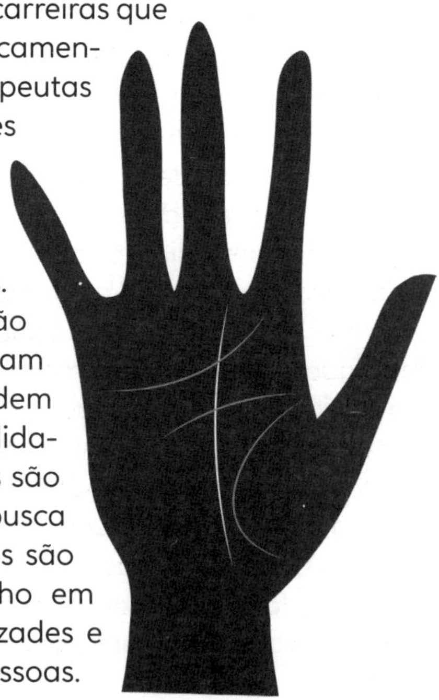

### *MÃO FOGO*

Mãos Fogo também têm palmas retangulares, mas são menos estreitas em comparação com as mãos Água. Os dedos são curtos (mas menos curtos em comparação com os dedos Terra), a palma da mão é quente e seca, e suas linhas são profundas e avermelhadas. Pessoas com mãos Fogo tendem a ser musculosas ou atléticas, têm preferência por usar os cabelos curtos e costumam ter olhos intensos. Às vezes, acham difícil relaxar e, em geral, tendem a se desligar praticando esportes ou se exercitando. Pessoas de mãos Fogo são responsivas, como as de mãos Água, porém, como as mãos são mais largas e os dedos mais curtos, a consciência é inclinada para mudança e ação. Fogo provoca transformação e calor, por isso as pessoas com mãos Fogo estão sempre interessadas em autodesenvolvimento, em adquirir habilidades, mover-se, ir a lugares e fazer coisas. Fogo, naturalmente, odeia água; assim, sentimentos e emoções mais profundos tendem a ser ignorados, contidos ou deslocados.

A carreira para essas pessoas é fundamental porque elas tendem a sentir que o que fazem é parte daquilo que são. Realizações, prestígio e poder são os meios pelos quais buscam satisfação. São mais aptas a executar trabalhos desafiadores que lhes permitam usar sua iniciativa: costumam ser autônomas e atuar em áreas administrativas, no campo do empreendedorismo, em mídia, mercados financeiros, entre outros, motivando as pessoas em geral – de fato, qualquer situação que seja dinâmica e tenha um elemento de estímulo.

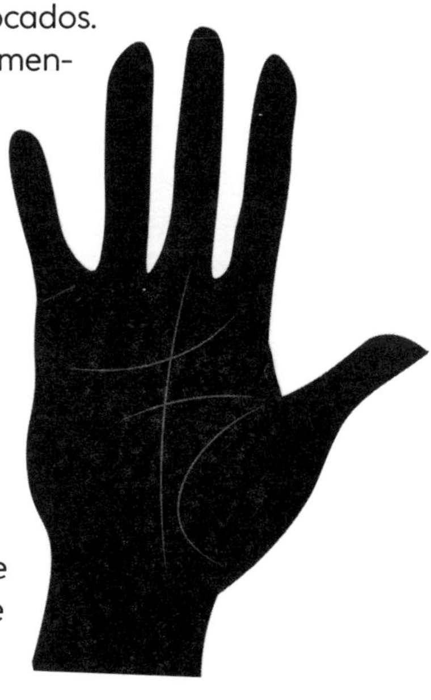

### *MÃO AR*

Mãos de Ar têm uma palma quadrada, mas, diferente da mão Terra, que tem ossos grossos, a mão de Ar tem ossos leves, como os de pássaros, e dedos longos. As palmas da mão de Ar são as mais largas das mãos elementais e, em geral, são cobertas por muitas linhas. As pessoas de mãos de Ar tendem a ser altas e magras. Às vezes, têm problemas visuais, e o cabelo é extremamente fino. São as mais propensas ao estresse nervoso e psicológico, e sua habilidade para ser espontânea e apaixonada é comprometida por uma mente sempre alerta e atenta. As pessoas com mãos de Ar são, basicamente, de natureza conceitual e tendem ao pensamento, à análise e às ideias. Também podem enveredar para o não conformismo, pois seguem visões pessoais sobre a vida. Jornalistas, escritores, comentaristas sociais e comediantes tendem a ter essas mãos. Os universos do *campus* universitário, do ensino, do planejamento, da consultoria, de pesquisa e ciência são todos dominados por mãos de Ar. O ar é o princípio do espaço, portanto, pessoas de tipo Ar gostam de trabalhar sozinhas e de ter um alto grau de autonomia.

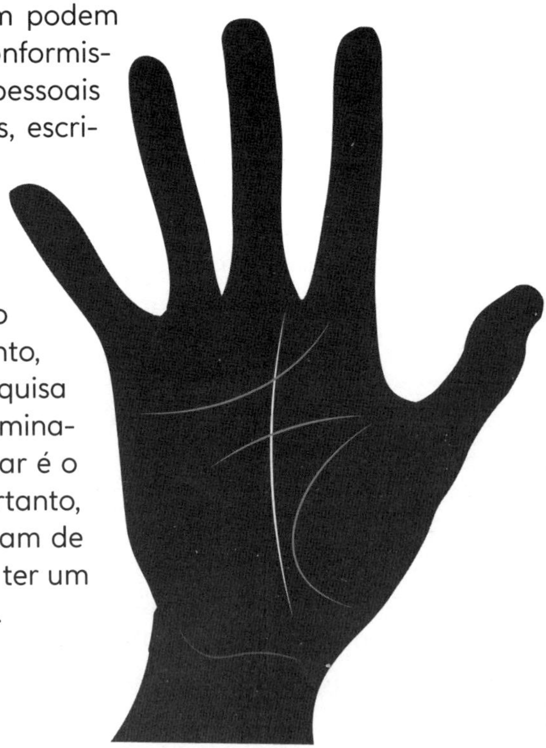

### *SEM FORMA ELEMENTAL*

Sem formato claro da mão? Não se preocupe se a mão não se alinha a um dos padrões elementais. Algumas pessoas têm mãos que são uma mistura dos elementos. Algumas têm mãos em forma de cunha, ou com uma saliência grande do lado, de modo que é difícil julgar. Se esse for o caso, apenas ignore a forma e vá para o próximo nível de análise.

## ÁREAS DA PALMA

A palma é dividida ao meio a partir do centro do dedo médio até sua base. O lado com o polegar e o dedo indicador é chamado radial, e o lado com o dedo anular e o mínimo é chamado ulnar. Saber a diferença entre as áreas radial e ulnar é importante, pois ajuda a entender o significado de várias linhas e diversos montes. O lado radial reflete o mundo consciente, tangível, físico. Todos os montes, marcas e linhas nessa área têm a ver com ideias e realizações relacionadas a família, lar, corpo físico, carreira, aspirações, poder pessoal, posses e influência. O lado ulnar conecta o inconsciente, aspectos efêmeros da vida. Essa área reflete coisas que são menos tangíveis: mundo exterior, outras pessoas, viagens a regiões desconhecidas, profundezas dos sonhos e conhecimento interior, mundo social e motivação para se conectar, explorar, se comunicar e criar.

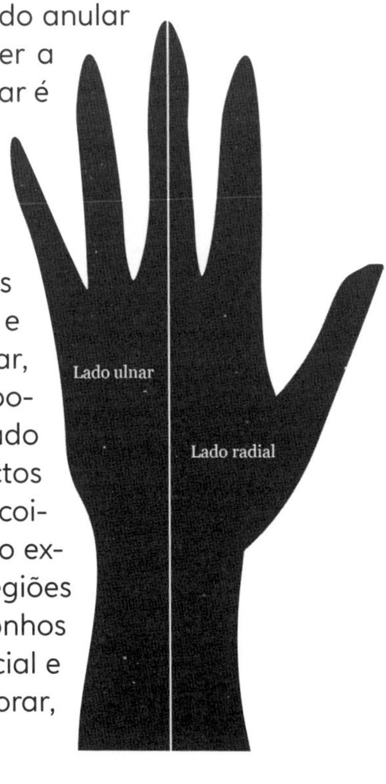

## OS MONTES DA PALMA

Os montes – protuberâncias carnudas em sua palma – estão situados logo abaixo de cada dedo e ao redor da circunferência da palma. Os montes foram nomeados em homenagem à Lua e aos planetas; a eles foram atribuídas qualidades associadas a esses corpos celestes. De suma importância nos primeiros livros de quiromancia, tiveram sua relevância bem diminuída na leitura moderna de mãos. Contudo, é importante compreender seus significados, pois eles têm uma influência em qualquer marca ou linha que apareça neles. Por exemplo, se a linha da cabeça afunda no monte lunar, isso significa que a pessoa assume, no âmbito mental, os traços lunares de oscilações de humor, forte imaginação, paixão pelo mistério e percepção das profundidades interiores. Por outro lado, se a linha do destino termina no monte de Saturno, isso significa que o caminho da vida da pessoa será governado pelas atitudes saturnianas de comprometimento, lealdade e senso de dever.

Aprender os significados dos variados montes lhe permitirá interpretar as linhas e outras marcas de forma mais acurada. Em geral, os montes da palma da mão precisam conter uma linha ou uma marca para terem alguma consequência; do contrário, você pode ignorá-los. Contudo, há exceções. Se os montes Vênus, Lunar ou Marte Externo têm um tamanho exagerado, afetam a consciência da pessoa, mesmo que não contenham marcas.

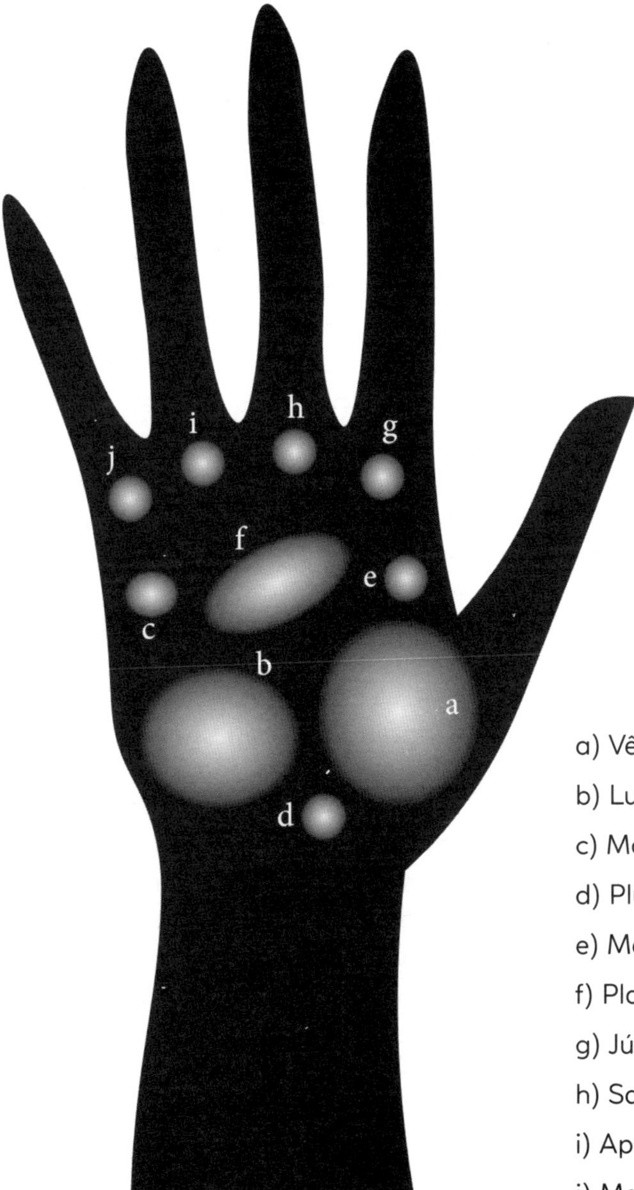


a) Vênus

b) Lunar

c) Marte Externo

d) Plutão

e) Marte Interno

f) Plano de Marte

g) Júpiter

h) Saturno

i) Apolo

j) Mercúrio

### *MONTE DE VÊNUS*

Esse monte grande e carnudo protege as principais veias e nervos que conectam a mão ao restante do corpo. Seu tamanho e sua firmeza são indicadores gerais da alegria de viver, da capacidade de calor humano e dos recursos físicos. Quando esse monte é grande e bem polpudo, é provável que a pessoa tenha uma imensa capacidade de se divertir e seja vigorosa, cordial, generosa, esportiva e ativa. Muitas vezes, um monte de Vênus aumentado indica a necessidade de realmente abraçar a vida de um modo completo e vigoroso. Quando é macio, liso ou esponjoso, pode se apresentar alguma lassitude – a pessoa pode carecer de energia e vitalidade. Esse monte se desenvolve quando a pessoa desenvolve força muscular – por exemplo, indo à academia de regularmente.

### *MONTE LUNAR*

Às vezes, essa protuberância surge em uma área firme e arredondada (embora esse monte nunca seja tão bem desenvolvido como o monte de Vênus), ou então se projeta para fora, no lado ulnar da palma da mão. O monte Lunar lida com o subconsciente coletivo ou com os humores, nossos anseios mais profundos, os sonhos e a imaginação. Essa área tem a ver com sugestões não racionais, intuitivas e sensibilidades mais profundas. Se é grande, há um amor pela natureza, pelo passado, pelo mar e qualquer coisa que inspire o mundo interior, seja antiguidades, meditação, música, mistério ou alguma arte. Se há sinais de sensibilidade na palma da mão (por exemplo, textura sedosa de pele ou uma mão de formato Água), então, há a forte possibilidade de essa pessoa ter qualidades intuitivas.

### *MONTE DE MARTE EXTERIOR*

O monte de Marte Exterior, às vezes, se projeta para fora, dando uma forma curvada para o lado ulnar da palma da mão. Essa protuberância indica um caráter impositivo marcial, entusiástico, que zela por promover seus projetos e seus ideias. Essas pessoas se mostram irrefreáveis se você tenta se colocar contra elas. É muito comum em pessoas que praticam esportes competitivos.

### *MONTE DE PLUTÃO*

O monte de Plutão (também conhecido como monte de Netuno) é basicamente relacionado à mudança e transformação. É importante apenas quando uma linha se move sobre ele – e, nesse caso, é quase sempre o começo da linha do destino ou de uma linha de viagem; ambas indicam mudança e o ímpeto para transformar a sorte da pessoa (ver p. 75 e 89). Linhas de viagem sempre cruzam o monte de Plutão e lhe dão a inclinação para se expandir e explorar. Se a linha do destino começa nesse monte, significa que há um impulso para encontrar um propósito na vida num estágio inicial.

### *MONTE DE MARTE INTERNO*

Quando uma linha começa aqui (em geral, a linha da cabeça, mas, às vezes, a linha da vida), é um sinal de resistência física ou mental e do desejo de assumir algum desafio, enfrentar uma batalha ou entrar em uma discussão. Pode haver um fascínio por forma física e esportes. Muitas vezes, uma linha no monte de Marte interno exibe um sentimento de ameaça e a probabilidade de uma reação extrema diante da percepção de alguma crítica ou de um ataque.

### *PLANO DE MARTE*

O plano de Marte, que nunca é elevado e, portanto, não é considerado um monte, é apenas uma área na qual há um senso de realizar projetos e de autopromoção. Quando esse plano é cruzado por uma linha forte e clara, é um sinal de uma pessoa assertiva que é astuta e bem-sucedida em transações no mundo.

### *MONTE DE JÚPITER*

Se há uma linha dentro do monte de Júpiter, a pessoa pode estar lidando com problemas de ambição, poder pessoal, controle, autoridade e ideais.

### *MONTE DE SATURNO*

Uma linha no monte de Saturno indica problemas com valores, restrições, regras, contratos, carreira e os compromissos sérios da vida que decidimos assumir, como casamento e constituição de uma família.

### *MONTE DE APOLO*

Apolo é o deus romano relacionado às artes e representa a motivação para se exibir ou ter uma plateia. Linhas no monte de Apolo estão conectadas a interesses culturais, autoenaltecimento e autoexpressão.

### *MONTE DE MERCÚRIO*

Uma linha no monte de Mercúrio se relaciona ao comércio, à comunicação, à eloquência, ao engano, à sofisticação sexual e à inteligência.

# PONTOS DE APRENDIZAGEM

Ao tirar uma primeira impressão das mãos de uma pessoa, considere o tamanho, a extensão, a cor e a textura.

A mão ativa revela a personalidade exterior, madura, e a mão passiva apresenta a personalidade profunda, oculta.

Quanto mais velha a pessoa, mais sua mão ativa representa seu caráter.

A textura da pele da palma da mão é uma medida importante da sensibilidade e da consciência de alguém – e há quatro tipos: seda, papel, granulada e grossa.

Tirar impressões da mão pode ser um aprendizado útil, pois elas mostram mais detalhes sobre as mãos de uma pessoa.

A palma é dividida ao meio nos lados radial e ulnar.

As mãos podem também ser categorizadas em formas elementares, mas isso só funciona para 70% das pessoas.

**Os montes não são importantes a menos que haja uma linha ou uma marca neles. A exceção é o tamanho das áreas Vênus, Lunar e Marte Externo.**

**Os montes recebem os nomes dos planetas e da Lua: Vênus, Lunar, Marte Externo, Plutão, Marte Interno, plano de Marte, Júpiter, Saturno, Apolo e Mercúrio.**

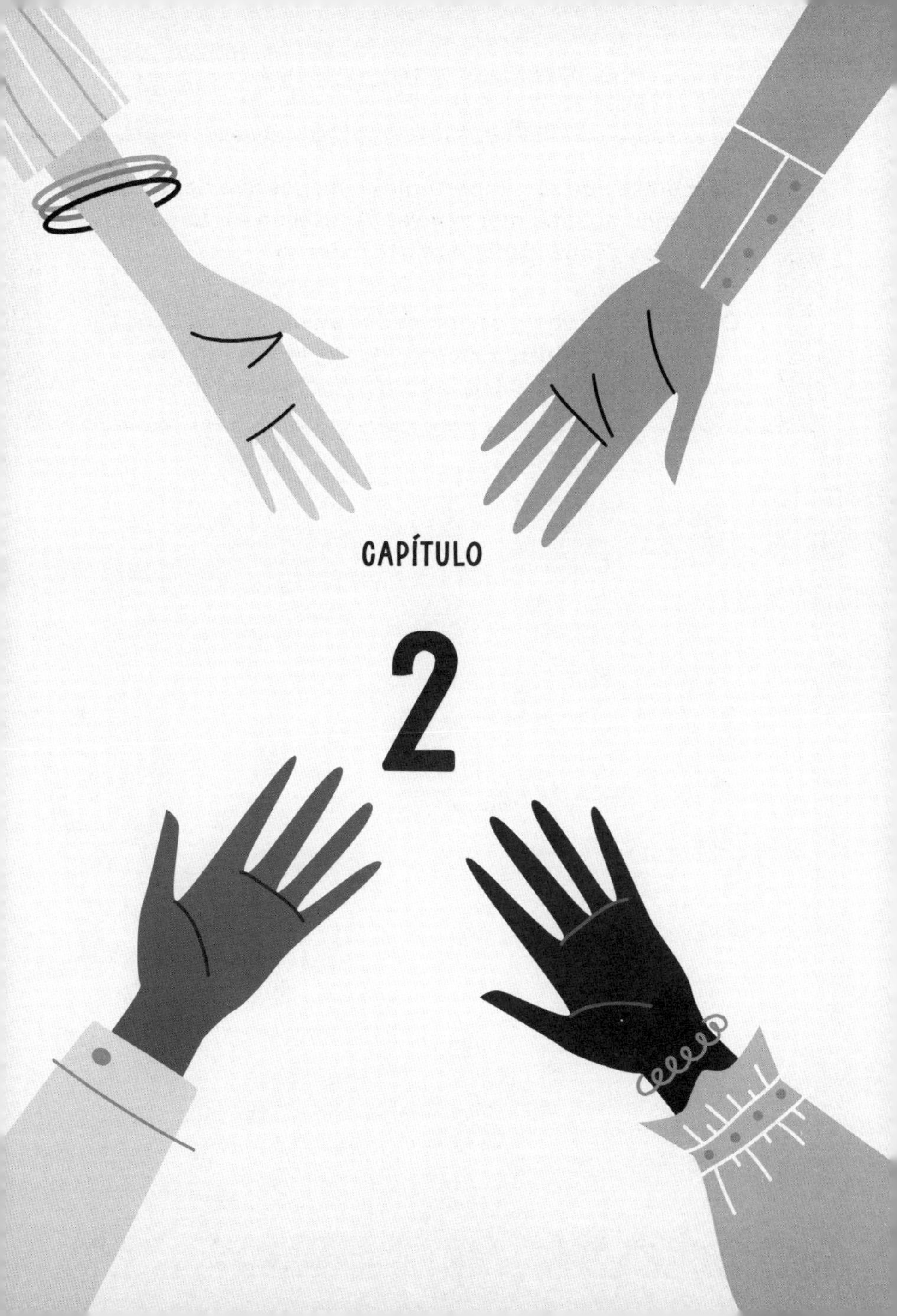

# CAPÍTULO 2

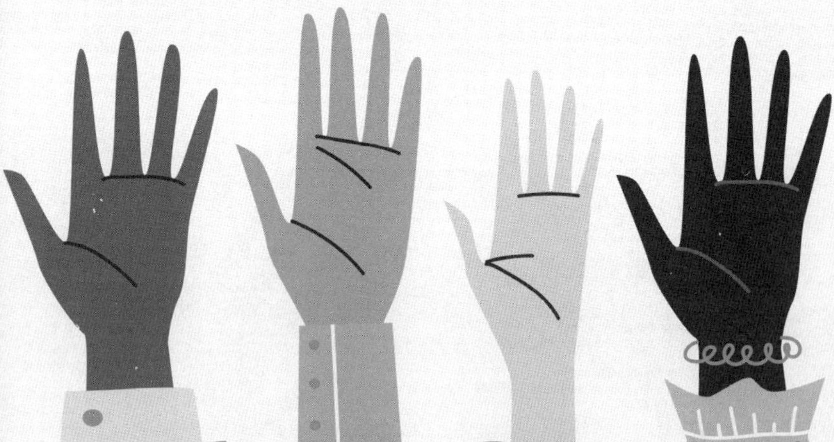

# CONHECENDO OS DEDOS

Se você já explorou a mão, é hora de pensar nos dedos de maneira mais detalhada. Há uma enorme quantidade de pesquisa científica em anos recentes sobre as implicações do comprimento e do equilíbrio dos dedos. Antropólogos, psicólogos e pesquisadores provaram de maneira conclusiva que o desenvolvimento relativo dos dedos reflete saúde, psicologia e comportamento (ver Leitura Complementar ao final do livro).

Os comprimentos relativos dos dedos são formados por fatores ambientais, exposição hormonal no útero e experiências de cuidado, de modo que são poderosos indicadores de nossa personalidade e de nossa criação.

Os dedos recebem os mesmos nomes inspirados em planetas, como os montes abaixo deles:

★ **O dedo indicador** é controlado por Júpiter, que, por sua vez, governa o ego, o senso de controle, a ambição, os valores pessoais e a autoridade.

★ **O dedo médio** é nomeado por Saturno, que tem a ver com conformidade, normalidade, aceitação de normas, trabalho, religião e atitude para com a sociedade.

★ **O dedo anular** é chamado de dedo de Apolo e indica nossa necessidade de estar no palco da vida, a capacidade de assumir riscos, o senso de diversão, a arte e a cultura.

★ **O dedo mínimo** é controlado por Mercúrio, que regula a comunicação, a eloquência, a habilidade com a linguagem, a inteligência, o comércio e o sexo.

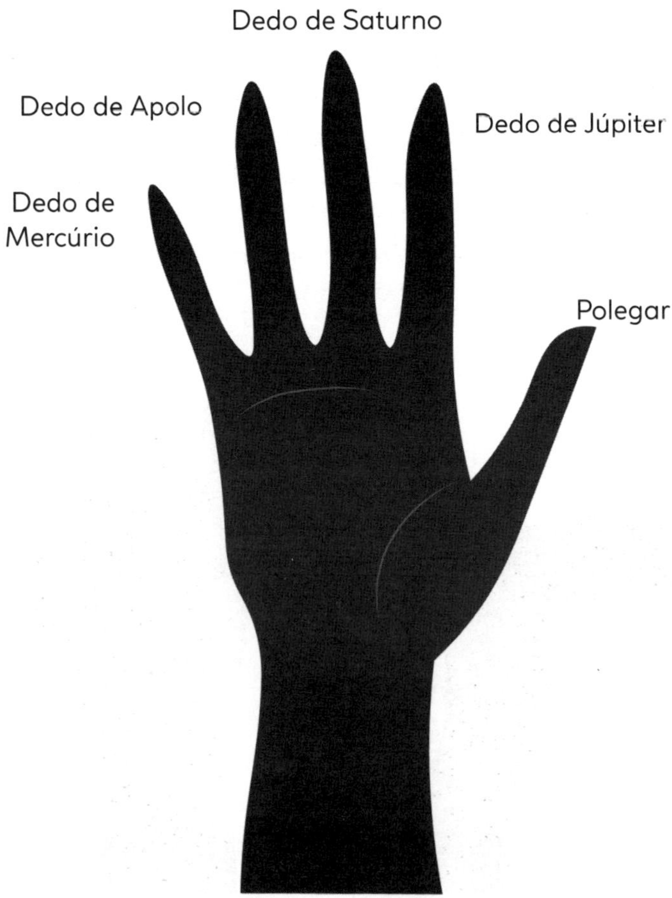

## PRIMEIRAS IMPRESSÕES

Os dedos podem diferir muito em seu comprimento absoluto ou relativo, no espaço entre eles e em sua flexibilidade. Aqui, há seis coisas nas quais quero que você foque quando tentar obter uma primeira impressão de suas mãos e das mãos de seus amigos e familiares.

### *COMPRIMENTO*

Em princípio, verifique qual é o comprimento dos dedos da pessoa. Para estabelecer o comprimento do dedo, olhe para as costas da mão com todos os dedos dobrados para a frente a um ângulo de 90°. Meça a distância do ponto mais elevado da junta do dedo médio até a extremidade desse dedo. Então, olhe para o interior da palma da mão e meça a distância entre

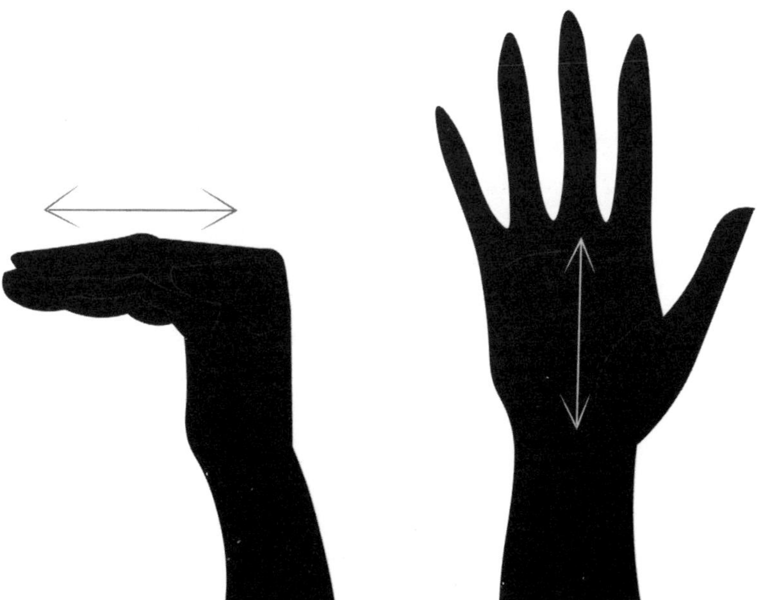

a base do dedo médio e a base da palma. Compare esses dois comprimentos. Se o dedo médio for tão longo quanto (ou mais longo que) o comprimento da palma, os dedos são longos. Se o dedo médio for mais curto que o comprimento da palma, os dedos são curtos.

Dedos curtos demonstram que os processos de pensamento da pessoa são rápidos e holísticos e que a pessoa faz suposições intuitivas e julgamentos rápidos. Pessoas de dedos curtos não se interessam por análises, detalhes insignificantes ou conhecimento apenas pelo conhecimento. Em vez disso, almejam se concentrar em fatores-chave.

Dedos longos indicam que a pessoa efetua processos de pensamento rigorosos, analíticos, e leva muito mais tempo para agir do que as pessoas de dedos curtos. São pessoas que tendem a ser especialistas em um tema particular, como consultores, conselheiros, acadêmicos ou escritores.

### *ESPAÇO ENTRE OS DEDOS*

Se os dedos são naturalmente mantidos separados, ou seja, se há uma lacuna de 2 centímetros entre eles e o polegar se encontra em um ângulo de 90°, representam uma personalidade aberta, extrovertida; no entanto, se os dedos e o polegar ficam próximos, a pessoa em análise tem uma natureza fechada, introvertida.

### *FLEXIBILIDADE*

Se uma pessoa tem dedos que não se dobram para trás quando puxados, os dedos são rígidos; isso indica que há uma grande quantidade de medo ou raiva reprimida e uma abordagem rígida em relação à vida. Pessoas com dedos rígidos são muito determinadas e inflexíveis no aspecto psicológico. Por outro lado, se os dedos dobram para trás quando puxados, ela tem dedos flexíveis. Quanto mais se dobram, e, portanto, mais flexíveis são, mais indicam processos de pensamento espontâneos, fluídos e erráticos. Muitas vezes, as outras articulações do corpo também são altamente flexíveis. Esse é o sinal de uma mente inspirada, aberta, mas que pode carecer de aplicação e foco.

### *AS FALANGES*

Cada dedo é separado em três seções, conhecidas como falanges. Às vezes, as falanges superiores, médias ou inferiores se destacam por serem muito carnudas e bem desenvolvidas, ou podem ser finas e emaciadas. O tamanho de cada falange pode indicar aspectos importantes dos valores de uma pessoa.

As seções inferiores de cada dedo são as falanges sensuais. Quando essas partes são muito grandes e cheias, os sentidos do paladar, do tato e do prazer são intensificados. Essa característica é encontrada entre chocólatras, degustadores de vinhos, gastrônomos, massagistas e qualquer pessoa que ame os prazeres da carne. Se as falanges inferiores são estreitas e pouco desenvolvidas, isso indica uma personalidade ascética.

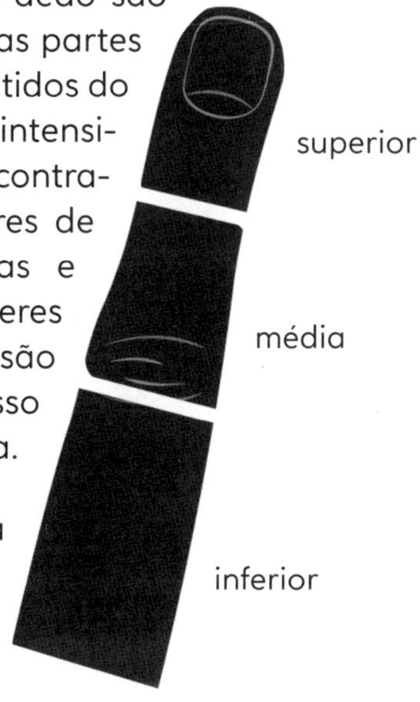


As seções médias de cada dedo são as falanges executivas. Às vezes, essas são mais longas e rechonchudas que as outras. Isso é associado à organização, ao planejamento, às atividades e ao direcionamento de energia mental. Falanges médias grandes são encontradas em pessoas habilidosas que trabalham com muito ardor e são grandes administradoras e estrategistas. Por outro lado, se as falanges médias são curtas e finas, isso pode ser um sinal de habilidade executiva fraca, pouca dedicação e incapacidade para completar projetos.

As falanges superiores representam o domínio abstrato. Quando essas são particularmente grandes, revela-se uma fascinação por filosofia, ideais e conceitos e espirituais. Contudo, se são pequenas, mostra uma falta de interesse nesses conceitos elevados.

## *DEDOS NODOSOS*

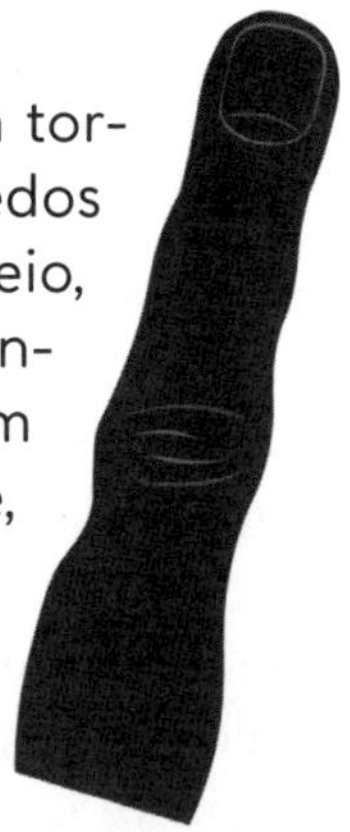

Às vezes, os dedos têm pequenas saliências em torno das juntas. É fácil identificá-las, pois nos dedos nodosos as falanges parecem acinturadas no meio, onde os nós se destacam. Dedos com protuberâncias pronunciadas nas juntas (que não resultam de artrite) refletem um modo de pensar pedante, crítico, rigoroso e exigente. Os nós representam qualidades racionais e diligentes da personalidade e uma ausência de espontaneidade.

## *AS INCLINAÇÕES DOS DEDOS*

Algumas vezes, os dedos se curvam ou se inclinam em direção a outro dedo – isso é chamado de inclinação, mesmo, e indica uma propensão ou uma tendência na área psicológica de uma pessoa. É claro que uma curva em um dedo representa uma atitude mais profunda, mais determinada, do que quando um dedo apenas se inclina em uma ou outra direção. Verifique como seus dedos ou os de seus amigos estão inclinados e veja o que isso significa.

A inclinação mais comum de um dedo é mais visível quando o dedo indicador se curva ou se inclina em direção ao dedo médio. Isso indica uma necessidade de apoio e é, muitas vezes, um sinal de materialismo. A pessoa carece de independência e necessita muito do trabalho, da sociedade e das convenções para dar sentido ao que é. Se o dedo indicador se inclina ou se curva para *longe* do dedo médio, isso representa independência – liberdade pessoal é mais importante para essas pessoas do que dever e responsabilidade.

Às vezes, um dedo médio se inclina ou se curva em direção ao dedo anular. Isso indica um tipo de "teimosia", uma atitude que não é convencional. Outras vezes, o senso de oportunidade da pessoa em decisões importantes da vida (por exemplo, para mudar de emprego ou ter filhos) é incomum e está em descompasso com a sociedade. São pessoas que tendem a se ligar a formas alternativas de vida e, em alguns momentos, querem escapar do universo do trabalho e do dever.

Em alguns casos, um dedo tem uma inclinação pronunciada na direção de outro. Pode ser o dedo anular que está inclinado ou curvado na direção do dedo médio. Isso mostra que a pessoa é muito altruísta e que seus prazeres e seu tempo livre são cedidos para as exigências do trabalho, do dever ou da família.

Se os dedos médio e anular são curvados um na direção do outro, a pessoa pode ter um complexo de mártir – pode sentir que está carregando o peso do mundo em seus ombros e que nunca há tempo o suficiente para explorar suas inclinações. É também um sinal de criatividade reprimida.

O dedo mínimo pode se inclinar para o dedo anular. Isso revela uma predisposição para manipular a verdade e uma grande capacidade para adulação e manipulação de palavras. Em algumas profissões (como vendas e Direito), isso pode ser uma enorme vantagem. Se o dedo mínimo se curva ou se inclina para *longe* do dedo anular, isso indica uma necessidade da pessoa de explorar ideias incomuns e um desejo de esconder a vida privada.

### *POSIÇÕES RELATIVAS DOS DEDOS*

No que se refere ao arranjo dos dedos, é comum que o dedo de Mercúrio (mínimo) esteja situado na parte inferior da mão. Isso faz que pareça curto, quando, de fato, tem o comprimento normal, mas está inserido mais embaixo no corpo da palma. Olhe para a imagem a seguir e compare o dedo de Mercúrio situado na parte inferior da palma com a posição normal do dedo. Quando a dobra da falange inferior está alinhada à base do dedo anular (como mostrado na figura da mão à direita), pode ser um sinal de imaturidade sexual e demonstrar que a figura paterna da pessoa pode ter sido ausente no âmbito físico e emocional ou que essa relação foi muito dependente e próxima. Como essa pessoa pode levar anos para compreender completamente suas motivações emocionais, deveria evitar se casar ou ter filhos muito cedo.

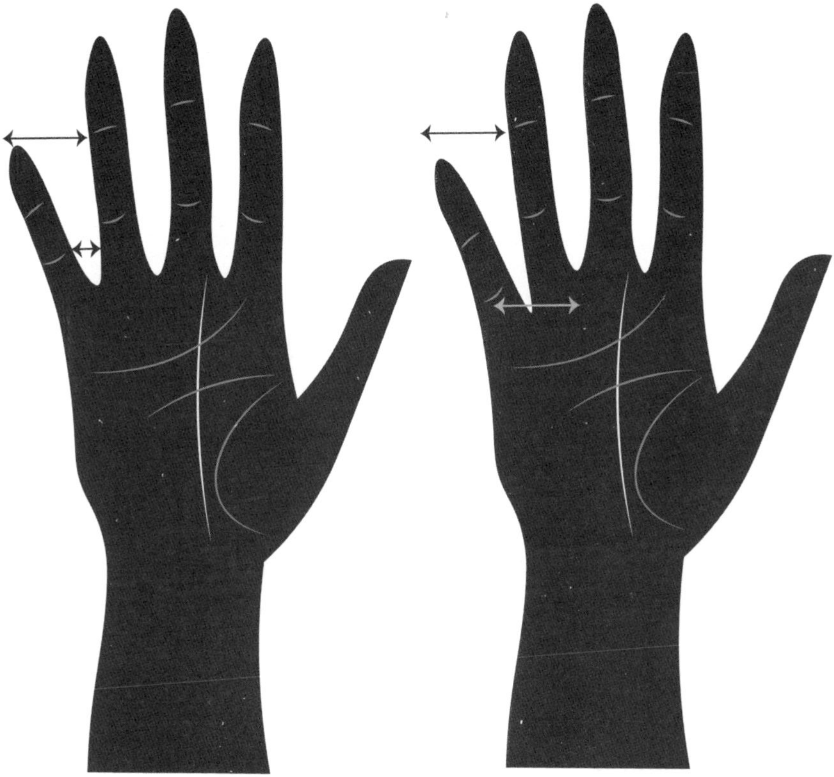

## COMPRIMENTO E ATRIBUTOS DOS DEDOS INDIVIDUAIS

Depois de tirar as primeiras impressões dos dedos, é vital focar quaisquer dedos que tenham sido identificados como mais longos ou mais curtos que a média. Isso revela motivações poderosas na psique, que afetam muito o comportamento da pessoa e são uma indicação-chave do tipo de criação que essa pessoa teve.

### *DEDO DE JÚPITER*

O dedo mais importante é o dedo indicador, conhecido como o dedo de Júpiter. Ele é medido em comparação com o dedo anular. Se você colocar uma régua ao longo das extremidades desses dois dedos (empurrando o dedo médio para trás, para mantê-lo fora do caminho), poderá ver com facilidade qual é mais longo. Se o dedo indicador for do mesmo comprimento ou uma fração mais curta – não mais que 3 milímetros –, pode ser considerado médio. Se o dedo indicador for menor em mais de 3 milímetros, ele é curto. Se o dedo de Júpiter for mais longo que o dedo anular, mesmo pela margem mais minúscula, pode ser considerado longo. Um dedo de Júpiter longo ou curto é muito significante.

Imagine esse dedo como um espelho, refletindo o sentido de poder, autoridade e importância da pessoa. Se é longo, demonstra um senso elevado de responsabilidade, autoridade e necessidade de controle e uma atitude dominadora e idealista diante da vida. Pessoas com essa característica são perfeccionistas, têm valores pessoais elevados e uma consciência constantemente questionadora. São extremamente orgulhosas e se levam muito a sério. Um dedo de Júpiter longo mostra que a infância da pessoa foi marcada por um sentimento excessivo de dever porque a figura materna era ausente ou opressiva.

Quando o dedo de Júpiter é curto, a pessoa tem um senso reduzido de autoestima e sentimentos profundos de inadequação. Pode ser um indicador de que sua infância não reforçava seu senso de responsabilidade e poder pessoal. Por isso, há um risco de a pessoa carecer do senso de responsabilidade necessário para atingir seus objetivos. As pessoas com dedos de Júpiter curtos, às vezes, se mostram muito competentes e parecem autossuficientes, mas isso é apenas uma atuação. Pessoas com essa característica nunca se levam muito a sério. Falta de cuidado pessoal (por exemplo, dieta pobre ou alcoolismo) tem sido associada a esse dedo quando este é extremamente curto, de modo que pode ser apropriado mencionar isso de um modo gentil e encorajar a pessoa a tratar esses problemas.

### *DEDO DE SATURNO*

O comprimento do dedo de Saturno (dedo médio) é medido por meio de um desenho de uma linha ao longo das extremidades dos dedos contíguos, indicador e anular, e observando o quanto o dedo médio se projeta acima dessa linha. É normal que a linha cruze logo acima da metade superior da falange superior do dedo de Saturno. Você pode verificar isso olhando para a parte posterior dos dedos. Na parte da frente, três quartos da unha no dedo médio deveriam ficar acima das extremidades dos dedos contíguos.

Um dedo de Saturno longo demonstra que a pessoa é trabalhadora e um pilar da sociedade; em geral, inclinada a profissões estruturadas, tradicionais, como médico, advogado, prefeito, militar, administrador.

Um dedo de Saturno curto pode indicar uma pessoa rebelde que tem um estilo de vida alternativo. Esse é um sinal de alguém que desconfia da autoridade, e é comum entre artistas, anarquistas, viajantes e tipos não convencionais e alternativos.

### *DEDO DE APOLO*

O dedo de Apolo (anular) indica o desenvolvimento da imagem, a face pública. Está associado à motivação de chamar a atenção para si, um remanescente do instinto competitivo de atrair um parceiro. Indica a necessidade de adulação, envolvimento nas artes e toda forma de expressão criativa. Esse dedo é medido em comparação ao dedo de Júpiter (indicador).

Pessoas com um dedo de Apolo longo podem assumir riscos e se preocupar demais com sua aparência e popularidade. A indústria de entretenimento e o palco são dominados por pessoas com longos dedos anulares. Embora haja uma forte necessidade por autoexpressão, nem sempre é sob um holofote. Se a palma também é do tipo Água, ou se a pele é sedosa, a autoexpressão pode assumir uma forma gentil, colaboradora, como a de ser integrante de um coral.

Se o dedo de Apolo é curto, criatividade e popularidade são menos importantes que integridade e autorrespeito. Para pessoas com dedos de Apolo curtos, o controle é primordial para o desempenho, e a arte da pessoa é, em geral, centrada em sua experiência.

### *DEDO DE MERCÚRIO*

O dedo de Mercúrio (mínimo) representa todos os aspectos da comunicação, inclusive linguagem corporal, nuance, inteligência, destreza e insinuação verbal. Também governa o dinheiro e a intimidade sexual. No dedo mínimo de comprimento médio, sua extremidade chega à linha da dobra mais elevada no dedo contíguo (Apolo). Se o dedo de Mercúrio ultrapassa essa linha da dobra, é considerado mais longo que a média; por sua vez, se fica abaixo, é considerado mais curto que a média.

Se o dedo de Mercúrio é longo, a pessoa tem fluência e amor pela linguagem, capacidade de articular sentimentos profundos e perspicácia financeira. Pessoas que trabalham na área de educação, com vendas, finanças e comédia tendem a ter um dedo de Mercúrio longo.

Quando esse dedo é curto, a pessoa tem uma natureza lúdica. Pessoas que têm muitos filhos ou que trabalham com crianças, às vezes, têm essa característica. Pessoas com dedos de Mercúrio curtos, por vezes, acham difícil expressar suas necessidades e os sentimentos mais profundos e podem ter uma queda por música sentimental e por programas de TV. Muitas vezes, são incertas com as finanças.

### *POLEGAR*

O polegar, tecnicamente oponível aos outros dedos, é importante na quiromancia porque indica força de vontade, autocontrole e motivação pessoal. É como um timão – seu comprimento e flexibilidade podem ser usados como um medidor da capacidade da pessoa de se dirigir aos seus objetivos e às suas realizações. Quanto mais longo e rígido o polegar, mais força uma pessoa tem para administrar circunstâncias pessoais. Por isso, o polegar é sempre longo e rígido em atletas e pessoas de negócios que vencem na vida sozinhas.

A medição do comprimento do polegar deve ser feita por meio de sua comparação com o dedo contíguo Júpiter (indicador). A extremidade do polegar deve alcançar um ponto entre o terço inferior e a metade da primeira falange do indicador. Um polegar que exceda esse ponto indica alta motivação, autodisciplina e uma personalidade dominante. Um polegar que fique abaixo desse ponto expressa vontade e motivação limitadas. É recomendável que pessoas com essa característica se associem a pessoas com um polegar mais forte, para que sejam motivadas e estimuladas.

Para verificar a rigidez do polegar é necessário dobrar o polegar para trás em direção ao pulso. Em geral, há alguns centímetros de flexibilidade, mas, às vezes, o polegar dobra quase até o pulso. Quando não dobra de modo algum, é um polegar rígido. Pessoas com polegares flexíveis odeiam se submeter a regimes árduos e disciplinados e tendem a se dedicar às artes em geral, sobretudo ao teatro e à música. Essas pessoas são amigáveis, abertas e mudam de planos por impulso. Pessoas com polegares rígidos, contudo, se dedicam a uma única tarefa com rigor. São encontradas em qualquer situação que exija uma forte ética de trabalho.

## FOCO NAS EXTREMIDADES DOS DEDOS

Agora que você conhece os atributos de cada dedo, é hora de focar as extremidades dos dedos.

### *FORMAS DAS EXTREMIDADES DOS DEDOS*

Em geral, as extremidades dos dedos são arredondadas – isso é normal, conforme o padrão. Contudo, às vezes, são quadradas, pontudas ou espatuladas (em forma de cunha); cada uma dessas formas indica um determinado modo de autoexpressão. Se a maior parte das extremidades dos dedos é quadrada, isso demonstra uma atitude prática, ordenada e detalhista. Tudo é colocado em seu próprio lugar. Pessoas com extremidades pontudas

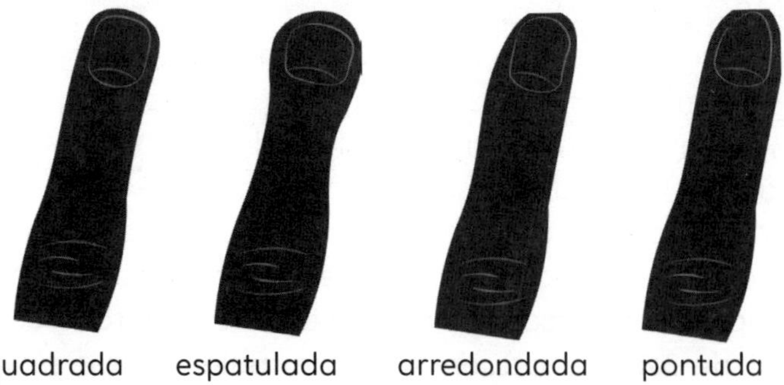

quadrada espatulada arredondada pontuda

nos dedos não são práticas, mas, sim, sonhadoras, e têm inclinação para a espiritualidade ou a filosofia. Extremidades espatuladas – quando o dedo se amplia no final – são encontradas em pessoas apaixonadas, vigorosas, impacientes e intensas.

### *UNHAS*

A quiromancia moderna não considera mais a forma da unha como indicativa de personalidade. Contudo, unhas são indicadores úteis de saúde geral. Unhas saudáveis têm uma coloração rosada e um leve brilho. Unhas avermelhadas indicam pressão sanguínea alta ou outros problemas circulatórios. Unhas azuis demonstram uma provável desordem cardiovascular. Unhas amarelas denotam possíveis problemas hepáticos, e unhas pálidas podem ser um sinal de anemia. Se uma pessoa tem pontos brancos nas unhas, pode estar sofrendo de níveis elevados de estresse ou de deficiência mineral. Sulcos finos, longitudinais, estão associados a glândulas suprarrenais hiperativas, a alguma doença reumática ou a um desequilíbrio da glândula tireoide. Sulcos horizontais surgem quando um acidente ou uma doença pausam o crescimento por um tempo. Unhas bulbosas indicam problemas respiratórios, e unhas quebradiças revelam deficiência de vitaminas e sais minerais.

### *IMPRESSÕES DIGITAIS*

Impressões digitais são um aspecto importante da leitura moderna das mãos. Há cerca de cinquenta anos, quiromantes não imaginavam que as impressões digitais tinham alguma importância. Contudo, pesquisas científicas levaram a conexões surpreendentes entre padrões de impressão e mentalidades e processos específicos de pensamento. Os desenhos nas extremidades de nossos dedos mostram os padrões de nosso processo de raciocínio e enriquecem muito a diversidade de ferramentas que temos como quiromantes. Quiromantes identificam diferentes traços de personalidade por meio da leitura da palma da mão inteira, mas as impressões digitais revelam, muitas vezes, nossos padrões de pensamento mais inconscientes.

Não pode haver símbolo mais pessoal e único do que as impressões digitais. A polícia as usa para tentar identificar criminosos; as autoridades chinesas já usavam impressões das mãos em investigações de cenas de crimes na Dinastia Qing (221-206 a.C.). Um equívoco comum é afirmar que gêmeos idênticos têm as mesmas impressões digitais, mas, de fato, elas são formadas antes do nascimento, e minúsculas diferenças ambientais, como a posição de cada feto no útero, afetam os padrões com base nos quais são formados. As impressões digitais podem ser uma das muitas diferenças entre dois gêmeos idênticos. O fato de serem únicas em cada pessoa faz que, mesmo hoje, em muitas partes do mundo, uma impressão do polegar seja usada, em vez de uma assinatura, por pessoas analfabetas.

Impressões digitais nunca mudam seu padrão, embora possam desaparecer um pouco à medida que a pele afina com a idade. Apesar de as linhas demonstrarem como a família, a criação, o ambiente e outros fatores afetam a personalidade, elas mudam com o tempo, assim como a vida e o comportamento, as crenças e as atitudes. Suas impressões digitais são inalteráveis e mostram os traços característicos inerentes que você tem e os parâmetros por meio dos quais sua psique opera. Contudo, essas informações – como ocorre com todos os elementos da leitura das mãos – devem ser consideradas no contexto da leitura inteira, e não como uma característica isolada.

As impressões digitais são únicas para cada pessoa, mas se classificam em seis tipos básicos, embora tenham variações menores. Vejamos esses seis padrões de impressão descritos a seguir.

- ★ Laço ulnar
- ★ Laço radial
- ★ Laço composto
- ★ Espiral
- ★ Arco simples
- ★ Arco em forma de tenda

Laço ulnar

Laço radial

Laço composto

Espiral

Arco simples

Arco em forma de tenda

A maioria dos padrões que você encontra nos dedos (cerca de dois terços) é de laços ulnares. Se você identificar laços ulnares (seja a olhos nus ou através de uma lente de aumento), não se detenha em analisá-los; como esse padrão é muito comum, é insignificante. Quaisquer *outros* que não sejam laços ulnares, contudo, são indicadores psicológicos importantes. Sempre discuta essas questões com a pessoa cujas mãos você está lendo quando identificar uma impressão de laço não ulnar em algum lugar da mão.

Nas próximas páginas, analisaremos o modo de identificar os seis padrões, veremos o que cada um indica e a forma como sua localização pode impactar esse significado.

## OS SEIS PADRÕES

Agora, vamos analisar as impressões do polegar e dos outros dedos, por meio dos traços mostrados pelas variações mais comuns de impressões.

### *LAÇO ULNAR*

Esse é o padrão mais comum, por isso é ignorado em uma leitura. O laço ulnar tem uma forma de onda – vai em direção ao polegar e tem a tendência de "seguir o fluxo". Ocorre na pessoa empática, gregária, adaptável, receptiva e impressionável, que tem uma necessidade de pertencimento.

### *LAÇO RADIAL*

Esse tem o mesmo padrão que o ulnar, mas é voltado à direção oposta, afastando-se do polegar, em vez de ir em sua direção. Laços radiais são muito mais raros que os ulnares e são encontrados, em geral, no dedo de Júpiter (indicador). Esse padrão pode ser identificado em pessoas hiper-receptivas a outras e muito sensíveis a críticas. Pode ocorrer em uma pessoa que seja muito defensiva, muito insegura, que tenha uma forte necessidade de obter respostas positivas dos outros. Laços radiais são, às vezes, chamados de "laços de cuidadores", pois são encontrados com frequência em cuidadores profissionais.

### LAÇO COMPOSTO

A impressão composta é formada por dois laços voltados para direções opostas. Esse laço revela ciclos de entusiasmo, desapontamento e depressão. A pessoa nunca se sente confiante de fato e sempre tem dificuldade para tomar decisões na vida. Há uma dualidade constante na mente a partir desse sinal de duas impressões em uma. Em sociedades orientais, o laço composto é visto como indicação de um caminho espiritual. Laços compostos refletem um ponto de vista sábio, antifanático e universal.

### ESPIRAL

O laço em espiral é formado por uma série de círculos sempre decrescentes ou com uma formação em espiral. Uma variação do espiral é chamada olho de pavão, no qual seus círculos são pegos em um laço. Um laço em espiral pode ser encontrado em uma pessoa original, reservada e estudiosa, mas sem consciência de grupo. A impressão espiral reflete uma necessidade de espaço e liberdade; representa uma pessoa individual, talentosa, reservada, automotivada e autocentrada.

### ARCO SIMPLES

Esse laço é constituído por uma formação quase plana de linhas em *chevron* sobrepostas umas às outras. Um arco simples reflete uma atitude profunda, determinada, materialista, teimosa diante da vida. Pessoas com um ou mais arcos simples costumam ser muito leais, reprimidas no âmbito emocional, fiéis, persistentes, práticas e modestas.

### *ARCOS EM FORMA DE TENDA*

Esses arcos formam uma ponta voltada para cima. Esse padrão reflete o impulso para chocar, surpreender e impressionar. Conduz à necessidade de ultrapassar fronteiras, ser proeminente, ser notado. O arco em forma de tenda apresenta um caráter entusiástico, fanático, agitado, intenso, incansável e, em determinados aspectos, extremo.

## O EFEITO DE CADA IMPRESSÃO NOS DEDOS INDIVIDUALMENTE

O laço composto, o radial, o espiral, os simples e em forma de tenda variam seu significado conforme o dedo em que se encontram. As variações mais comuns são listadas aqui. Algumas não são mencionadas, pois são incrivelmente raras; por exemplo, um arco em forma de tenda é encontrado em apenas um entre 2.600 dedos de Mercúrio.

### *IMPRESSÕES DIGITAIS JÚPITER*

**Laço radial.** Essa impressão mostra que a pessoa é insegura, ansiosa por agradar, cuidadora e dedicada aos outros. As pessoas que têm esse laço são sensíveis a críticas, muito lisonjeadoras, altamente sociáveis e têm dificuldade para dizer não.

**Laço composto.** Esse é um sinal de dúvida perene em relação a ideais, identidade e objetivos. A pessoa é filosófica, imparcial, capaz de ver os pontos de vista alheios e uma boa juíza ou conselheira.

**Espiral.** Essa impressão indica dificuldade de se sentir parte de um grupo. A pessoa gosta de atuar e trabalhar sozinha, é reservada, original e excêntrica, e necessita de espaço e liberdade.

**Arco simples.** Pessoa pragmática, dedicada à família e obstinada; não é pretensiosa; admira a rotina e é previsível, extremamente leal, materialista e reservada.

**Arco em forma de tenda.** Esse arco denota uma natureza agitada, entusiástica, dramática, idealista, criativa e incansável. Pessoas com um arco em forma de tenda têm necessidade de drama.

### *IMPRESSÕES DIGITAIS SATURNO*

**Laço radial.** Pessoa insegura quanto ao estilo de vida e à carreira a seguir. É extremamente aberta a diferentes culturas e a diversificadas formas de vida; se adapta facilmente a novas experiências. Pode ter tendência a ser muito conformada ou altamente rebelde.

**Laço composto.** Essa pessoa nunca tem certeza de que está na carreira adequada e, muitas vezes, muda sua visão espiritual e filosófica, mas está sempre aberta a outras culturas e crenças.

**Espiral.** Essa pessoa pode ser fascinada por crenças, estilos de vida e atitudes não conformistas, e também pode ser transgressora. É obcecada tanto pela liberdade pessoal quanto pela liberdade social, e odeia qualquer regime repressivo.

**Arco simples.** Revela alguém que opta por uma carreira segura e bem remunerada, tem um forte sentido de imparcialidade e justiça e é fascinado pelo passado, pelo que é natural e por tradições.

### *IMPRESSÕES DIGITAIS APOLO*

**Espiral.** Essa impressão denota um dom para desenho, cor e estilo; a pessoa pode ser original nas artes e em seu modo de se vestir; a espiral também demonstra boas habilidades espaciais e um talento para esportes com bola.

**Arco simples.** A pessoa é inclinada a atividades físicas e aos esportes; ama trabalhos manuais ou qualquer estética que possa ser chamada de primitiva, naturalista ou histórica.

### *IMPRESSÕES DIGITAIS MERCÚRIO*

**Espiral.** Denota uma pessoa reservada e estudiosa, com interesses obscuros e conhecimento especializado em um campo incomum; tende a se casar com alguém muito diferente dela em termos de idade, cultura ou criação.

**Arco simples.** Com frequência, indica que a pessoa está envolvida em ensinar ou ajudar crianças ou adultos em habilidades de aprendizagem básica; origens e natureza da comunicação são importantes para ela; é claramente relutante em discutir sua vida íntima.

### *IMPRESSÕES DO POLEGAR*

**Laço composto.** A pessoa pode ter dificuldades para assumir compromissos pessoais graças à sua atitude "para-arranca";

é facilmente perturbada ou dissuadida, e pode sempre ver a dualidade de cada decisão na vida.

**Espiral.** Essa impressão mostra uma pessoa com iniciativa – alguém que atua sozinho, adora novos conceitos e novidades, é original em sua abordagem e tem seu modo particular de fazer as coisas.

**Arco simples.** Pessoa pragmática, sistemática, teimosa, rigorosa e prática; essa característica, muitas vezes, revela alguém com boa habilidade manual e ceticismo em relação a ideais grandiosos.

## PONTOS DE APRENDIZAGEM

**Ao tirar uma primeira impressão dos dedos de uma pessoa, considere o comprimento, o espaço entre os dedos, sua flexibilidade, as falanges, as inclinações e as posições dos dedos.**

**Cada dedo é dividido em três falanges – o domínio sensual, o executivo e o abstrato.**

**A direção em que um dedo se inclina ou dobra revela aprendizados psicológicos profundos.**

O dedo mínimo, às vezes, encontra-se baixo, mostrando um despertar lento para um senso de maturidade nas relações.

O dedo de Júpiter é o mais importante, como um reflexo do ego, do senso de autoridade e do poder pessoal.

O dedo de Saturno deveria se projetar acima dos outros dedos em quase metade da falange mais alta.

Os polegares têm a ver com autocontrole e força de vontade.

As impressões digitais são indicadores poderosos do caráter e um aspecto relativamente novo da quiromancia moderna.

Em geral, as pontas dos dedos são arredondadas, mas também podem ser quadradas, pontudas ou espatuladas.

As unhas saudáveis devem ter uma coloração rósea, com luas visíveis e sem sulcos, sem pontos brancos nem rachaduras.

Há seis padrões importantes de impressões digitais: laço ulnar, laço radial, laço composto, espiral, arco simples e arco em forma de tenda.

É importante identificar em qual dedo cada padrão aparece, pois isso altera o significado.

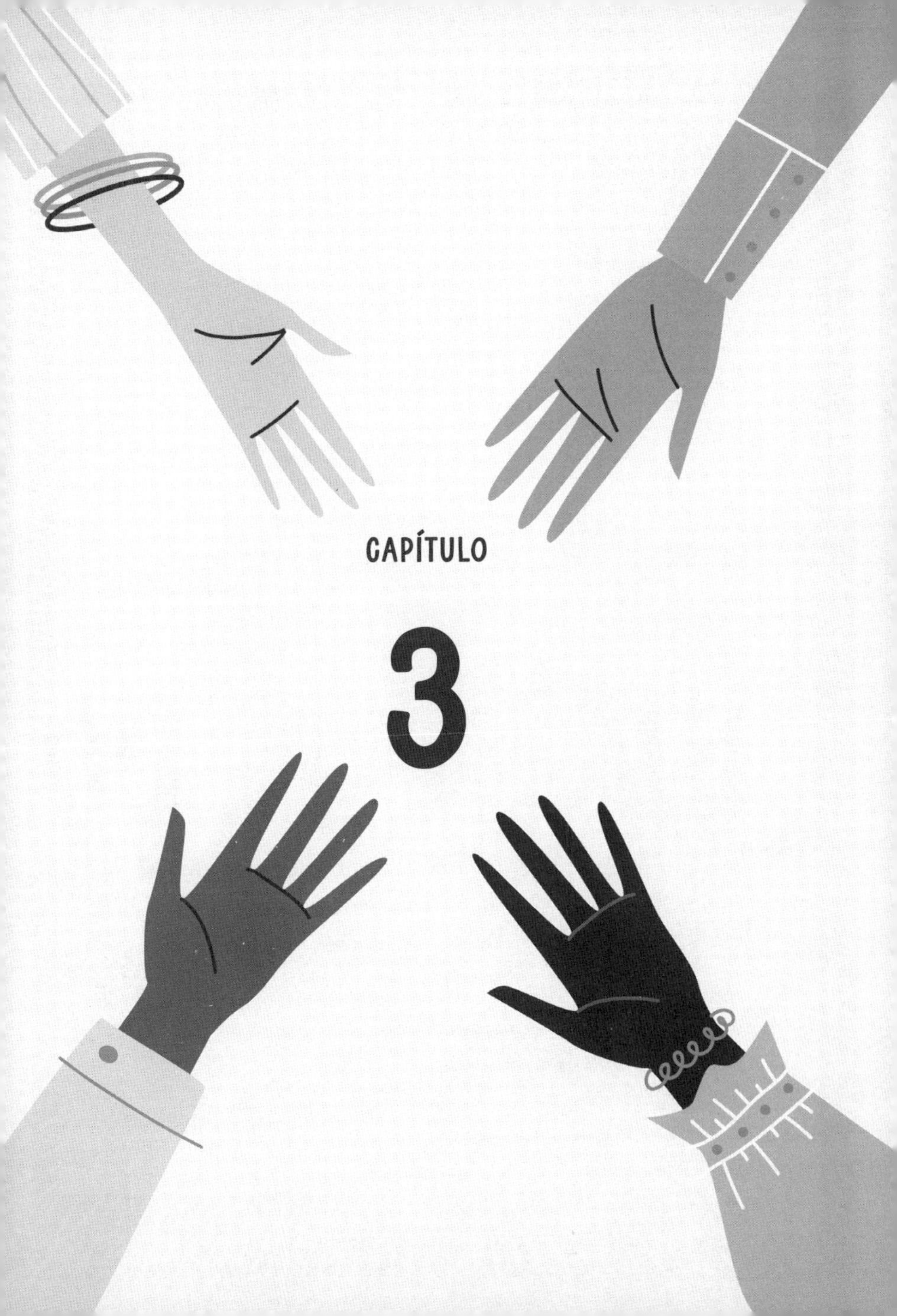

# CAPÍTULO

# 3

# AS PRINCIPAIS LINHAS

Há quatro linhas principais na palma da mão: a linha da vida, a linha do coração, a linha da cabeça e a linha do destino. Elas estão quase sempre presentes de alguma forma na mão de cada pessoa. Este capítulo também mostrará a linha simiana, que é a fusão da linha da cabeça com a linha do coração.

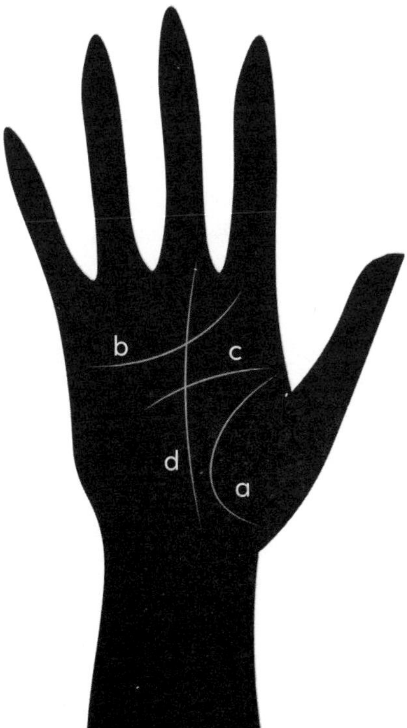


a) Linha da vida
b) Linha do coração
c) Linha da cabeça
d) Linha do destino

As principais linhas representam as motivações físicas, emocionais, intelectuais e orientadoras da pessoa. Cada linha é como uma grande estrada de energia. Uma linha longa, clara e profunda indica energia forte e vigorosa. Uma linha fraca, quebrada ou curta demonstra que uma pessoa está funcionando mal em determinada área. As principais linhas mudam lentamente com o tempo. É normal ter, ao menos, uma linha importante que tenha alguma qualidade não tão boa.

Deve-se sempre ler as linhas no contexto da palma da mão na qual estão traçadas. Isso é muito importante. Se a linha do destino (que representa os objetivos, a dedicação e a direção na vida de uma pessoa) estiver completamente ausente em uma palma Terra com uma pele grossa, é sinal de que a natureza dessa pessoa Terra é se desenvolver de modo gradativo em um estilo de vida tradicional, seguindo os passos dos pais; portanto, isso pode não ser um problema. Contudo, se a linha do destino estiver ausente em uma mão Ar com pele de papel, é sinal de que a pessoa hesita muito ao ter de tomar uma decisão e continuará hesitando ao longo da vida; por exemplo, poderá tentar seguir 38 vocações diferentes, passar muito tempo no tipo errado de trabalho e ficar muito frustrada. Por isso, é fundamental considerar as questões mais amplas na palma da mão antes de analisar as linhas.

Uma mão coberta por muitas linhas irregulares indica uma disposição estressante e neurótica. A mão que comporta apenas as quatro linhas principais revela uma pessoa calma, focada e descomplicada.

## LINHA DA VIDA

A linha da vida começa acima do polegar e desce, formando um semicírculo em torno do monte de Vênus, e termina na base da palma. Essa linha representa o físico, o vigor, a energia, a estamina, o senso de segurança e a estabilidade. Representa também a homeostase (a regulação dos processos corporais) e a quantidade de energia regenerativa disponível.

Uma linha completa, com sulcos profundos, indica estamina alta, vitalidade e energia, e mostra que a pessoa tem os pés firmes no chão. Uma linha forte revela que as principais estruturas da vida dessa pessoa são sólidas.

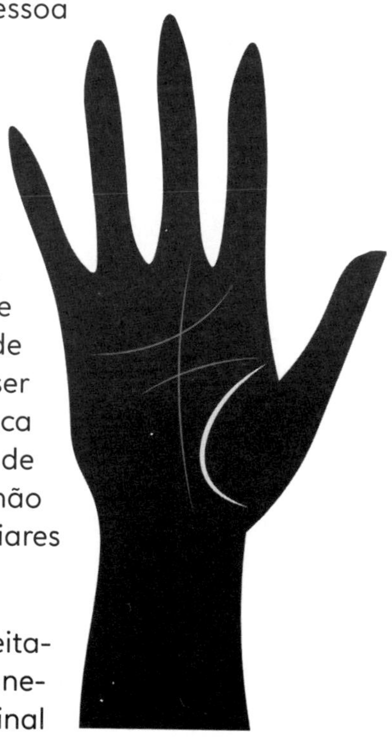

Uma linha curta, fraca, que desaparece na mão ativa, indica um senso constante de insegurança, um estilo de vida instável, uma postura medrosa, baixa energia ou a impressão de se sentir abandonado. Os níveis de estresse dessa pessoa tendem a ser elevados. Se a linha da vida é fraca e partida na mão passiva, é sinal de que a pessoa teve uma criação não segura, na qual as estruturas familiares estáveis não eram reforçadas.

Se a linha da vida abraça estreitamente a base do polegar, permanecendo sob o dedo de Júpiter, é sinal de uma personalidade reservada e receosa. Contudo, se a linha se projeta para fora, para o centro da palma da mão, representa coragem – é sinal de que essa pessoa mergulha de cabeça em qualquer atividade ou situação que lhe desperte o interesse, e que está sempre buscando novas experiências.

Se a linha da vida é interrompida em algum ponto, indica que a estabilidade da vida dessa pessoa será ou foi interrompida. Isso pode representar uma forma de divórcio, uma emigração, uma doença ou algum evento perturbador desse nível. Verifique a qualidade da linha após a ruptura – se for mais forte, é sinal de que a vida dessa pessoa está melhorando; se for mais fraca, indica que a pessoa levará mais tempo para se recuperar. É um mito afirmar que uma linha da vida curta indica uma vida curta. De fato, pessoas com uma linha da vida curta, muitas vezes, embarcam em regimes de saúde fanáticos em consequência de sua insegurança inata e acabam vivendo mais tempo que a maioria das pessoas!

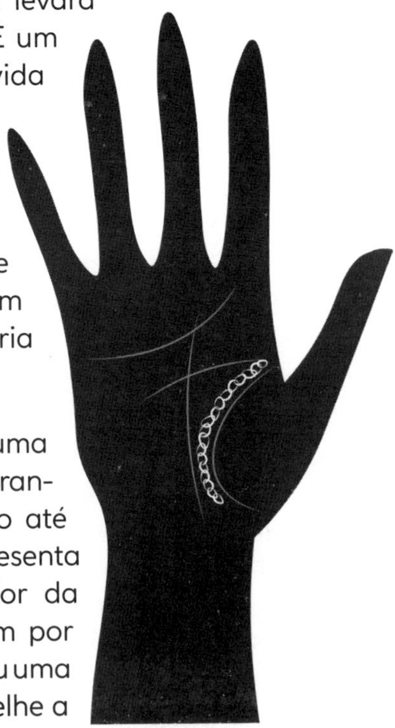

Você pode temporalizar uma marca na linha da vida considerando que o comprimento completo até a base da palma da mão representa 90 anos, que a metade superior da linha representa 45 anos e assim por diante. Se observar uma ruptura ou uma fraqueza na linha da vida, aconselhe a pessoa a estabelecer uma dieta regular e saudável, rotinas de sono e exercícios e uma vida pessoal equilibrada. Com o tempo, isso poderá restaurar qualquer linha fraca ou interrompida.

Linhas encadeadas são como uma série de círculos formando uma linha difusa. Ilhas (como elos de corrente) na linha indicam períodos de energia enfraquecida e incertezas – surgem, muitas vezes, num período anterior a um divórcio, a uma falência ou a uma crise familiar. Também nesse caso, boas rotinas saudáveis ajudam.

Linhas que se originam de dentro do monte de Vênus e cruzam a linha da vida indicam ênfase na família e no lar. Pequenas linhas para cima, em direção ao dedo de Júpiter, na parte superior da linha da vida, são linhas de esforço. Quanto mais longas e fortes as linhas de esforço, mais uma pessoa se sente motivada a realizar algum empreendimento – um sinal de um temperamento bem-sucedido e ambicioso.

Em alguns casos, a linha da vida é dupla, e ambas as linhas são paralelas entre si. Isso revela uma personalidade dinâmica, orientada a viagens – alguém que pertence a duas bases, duas nações ou duas culturas.

## LINHA DO CORAÇÃO

A linha do coração indica não apenas a capacidade da pessoa de amar, conectar-se e formar relações, mas também sua habilidade para se emocionar. Se essa linha é de má qualidade, impacta a habilidade da pessoa de vivenciar uma alegria ou de ser motivada pela natureza, pela beleza, pela arte ou pela espiritualidade. Se essa linha estiver completamente ausente (o que é muito raro), é sinal de que a pessoa terá dificuldades para expressar emoções e se relacionar com outras pessoas.

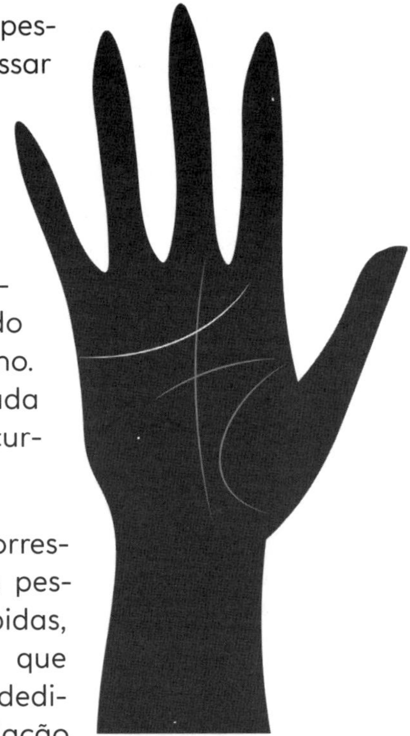

A linha do coração começa abaixo do dedo de Mercúrio – surge abaixo desse dedo e termina em algum lugar abaixo do dedo de Júpiter ou do dedo de Saturno. Essa linha pode ser reta ou curvada para cima ou, em alguns casos, curvada para baixo.

A qualidade da linha corresponde ao estado emocional da pessoa. Linhas fracas, interrompidas, com pequenas ilhas mostram que a pessoa não consegue se dedicar de todo coração a uma relação e que suas emoções são complexas e confusas. Pessoas com uma linha do coração de baixa qualidade se sentem desconectadas e são facilmente feridas. Envolvimento com artes performáticas, como dança e música, pode melhorar uma linha fraca.

Pessoas com linhas do coração retas são seguras no aspecto emocional. Não são românticas num sentido entusiasta, expressivo, idealista, mas são mais práticas e equilibradas. Se a linha é reta e termina abaixo do dedo de Saturno, a pessoa é reservada no âmbito das emoções e, quando está numa relação amorosa, foca sobretudo na fidelidade, nas finanças e em outros assuntos práticos. Uma pessoa com uma linha do coração reta, que termina abaixo do dedo de Júpiter, demonstra amor por meio de mimos e atitudes. Há uma relutância marcante em se entregar a "cenas" emocionais com efusões de lágrimas e raiva. Se uma linha do coração reta cruza a palma do ponto abaixo do dedo de Mercúrio e vai até o ponto abaixo do dedo de Júpiter, é um sinal de que a pessoa sacrifica relações íntimas em favor das necessidades dos outros. Isso é comum em cuidadores, médicos e terapeutas; pessoas assim, muitas vezes, assumem parceiros fracassados ou carentes.

Pessoas com linhas do coração que se curvam para cima são espontâneas, efusivas e abertas. Se a linha se curva até o dedo de Saturno, a pessoa é expressiva, mas um pouco reservada no âmbito romântico. Se a linha se curva para cima e vai até o dedo de Júpiter, uma natureza idealista e super-romântica é revelada, então, os relacionamentos amorosos são permeados por pontos de vista e expectativas pessoais. Com muita frequência, os parceiros são colocados em um pedestal elevado quase inatingível, mas sempre caem por terra. Uma linha do coração entre os dedos médio e indicador é um bom equilíbrio entre a expressão e o idealismo.

Linhas do coração que se curvam para baixo revelam expectativa ou efetiva experiência de perda romântica e uma relutância da pessoa em se expressar em papéis tradicionais de gênero, tanto em aparência como em atitudes. Ramificações bifurcadas para baixo, que se afunilam no fim da linha do coração, indicam desapontamento e perda; então, o ciúme pode se tornar um problema se as ramificações continuarem até a linha da vida ou próximas a ela.

Seções interrompidas da linha do coração, que flutuam sobre o fim da linha, indicam capacidade para expressar uma natureza otimista e apaixonada, mas apenas quando em público. É muito comum ver finais múltiplos na linha do coração. Por exemplo, pode haver uma seção interrompida flutuando acima do fim da linha, com uma seção curvada para baixo que chega até a linha da vida, e um ramo se movendo na direção do dedo de Júpiter. Isso representa a confusão e a complexidade da vida emocional moderna, com insegurança reprimida, falsa efusividade e romantismo misturados.

Ironicamente, uma linha do coração clara, longa e curvada para cima é encontrada com frequência em pessoas que ficam solteiras por muito tempo, enquanto uma linha de baixa qualidade é vista em pessoas que se encontram em alguma forma de relacionamento quase de modo constante. A razão para isso é que as pessoas com linhas fortes são muito emotivas e expressivas e estão dispostas a esperar, talvez por anos, alguém que ressoe e reflita suas paixões. Pessoas com linhas fracas, interrompidas, isoladas e mais frágeis anseiam por conexão emocional e acham difícil ficar sozinhas. Compensam isso permanecendo em relações (às vezes, insatisfatórias).

## LINHA DA CABEÇA

A linha da cabeça é uma indicadora muito importante da maneira como pensamos e processamos informações. A qualidade dessa linha representa o foco mental. Se a linha é difusa, interrompida e fraca, a mente funciona de um modo confuso e distraído. Se é clara e bem definida, indica processos mentais bem focados.

A linha da cabeça começa perto da parte superior da linha da vida e segue ao longo do meio da palma da mão. Às vezes, começa inclusive junto à linha da vida. Se a linha da cabeça está unida à linha da vida em mais de 2 centímetros (em três quartos), isso demonstra baixa confiança, insegurança e relutância para sair do âmbito familiar. A pessoa tende a permitir que outros decidam as coisas por ela. Na mão passiva, isso é um sinal de pais dominadores. Por outro lado, se houver um vão de mais de 1 centímetro (na metade) entre o topo da linha da vida e o começo da linha da cabeça, isso indica independência e confiança nas próprias opiniões, em aspirações e princípios elevados. Em alguns casos, um vão grande revela uma pessoa que se eleva a grandes patamares na vida.

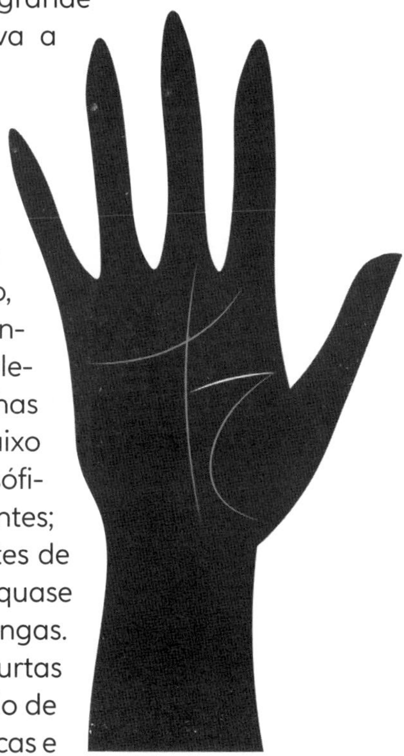

Quanto mais longa a linha da cabeça, mais indecisa é a pessoa. Se a linha da cabeça segue reta e constante através da palma da mão até o outro lado, indica uma natureza não sentimental, mas analítica, inteligência elevada e estresse. Pessoas com linhas longas e retas (que terminam abaixo do dedo de Mercúrio) são filosóficas, objetivas, racionais e previdentes; têm por hábito hesitar muito antes de tomar uma decisão. Consultores quase sempre têm linhas da cabeça longas. Pessoas com linhas da cabeça curtas e retas, que não vão além do dedo de Saturno, são decididas, pragmáticas e orientadas à ação – são excelentes em colocar toda a sua energia na carreira e em seus objetivos. Com interesse limitado pelo intelecto, mas um imenso senso de comprometimento em aplicar ideias e fazer as coisas acontecerem, são, em princípio, executoras e, por fim, racionais.

Pessoas com linhas da cabeça curvas são mais flexíveis, imaginativas e irracionais do que as pessoas que têm essas linhas retas; têm a mente mais fluida e enxergam várias formas de abordar um problema; compreendem que a verdade é, muitas vezes, uma questão de perspectiva. Uma linha da cabeça que se curva no topo do monte Lunar representa uma abordagem criativa, flexível. Revela uma pessoa que deposita a visão pessoal em projetos e objetivos, e suas atitudes e seus ambientes refletem um senso de estilo. Tem uma perspectiva sentimental, formada por emoções e baseada em sonhos e memórias. Quando a linha da cabeça é *muito* curvada e se inclina de modo acentuado para baixo até chegar à base do monte Lunar, é sinal de que a pessoa tem uma visão muito subjetiva em relação às outras pessoas e ao mundo em geral. É alguém que reage bem às emoções, tem inclinação à poesia ou tende a explorar os domínios mais profundos da alma, mas pode ser também um tanto temperamental e introvertido. Pode abrigar ressentimentos passados e carecer de objetividade e compostura.

Bifurcações no fim da linha da cabeça revelam talento criativo e inspiração em ideias. Revelam também um aspecto mais amplo da personalidade.

Se as linhas da cabeça nas mãos ativa e passiva são claramente diferentes, pode haver uma disparidade surpreendente entre o universo interno e o externo. Sempre olhe para a linha da cabeça em conjunto com a textura da pele, o formato da palma e o comprimento dos dedos. Se estiver analisando uma mão Terra com pele áspera e dedos curtos, então, não importa se a linha da cabeça é longa e clara; você tem diante de si uma pessoa robusta, prática, que gosta de estar ao ar livre e não se interessa por questões intelectuais.

Depois de ter examinado a linha da cabeça, eu recomendo sempre que reserve algum tempo para compará-la à linha do coração. Se a linha do coração for mais forte e profunda e mais acentuada na palma da mão do que a linha da cabeça, é sinal de que as emoções dominam a personalidade. Não importa quão fina e clara seja a linha da cabeça, sempre haverá momentos em que a pessoa será um tanto irracional. Uma linha do coração dominante indica que processos de pensamento serão fortemente afetados por paixões e sentimentos. Por outro lado, se a linha da cabeça for mais forte, então, a pessoa é governada pela cabeça, e não pelo coração.

Ilhas não são vistas com muita frequência na linha da cabeça, mas, quando presentes, indicam que a pessoa é estressada, frágil no aspecto psicológico e que vive sobrecarregada. Talvez seja alguém com a função mental elevada, especialista em uma área particular, mas que pode se tornar um tanto obsessiva e ter reações desproporcionais.

A linha da cabeça é uma das linhas que mudam mais rápido na palma da mão, e a linha da vida, em geral, muda mais devagar. É fascinante observar uma ilha na linha da cabeça diminuir e desaparecer aos poucos quando a pessoa começa a meditar ou se afasta do trabalho por alguns meses para lidar com o estresse. De modo semelhante, quando alguém embarca em um curso de estudos extensivos, como uma graduação, a linha da cabeça se torna claramente mais longa.

## LINHA SÍMIA

É muito raro encontrar uma linha símia (aparece em menos de 1% das mãos). Ela é um encontro entre a linha da cabeça e a do coração, onde se combinam para formar uma linha única ao longo da palma da mão. Linhas símias representam uma personalidade determinada e intensa, com paixões controladas – denotam pessoas altamente focadas. Na quiromancia, é chamada de "tempestade silenciosamente severa". Como as linhas da cabeça e do coração são fundidas, nem os sentimentos nem os pontos de vista podem ser abertos e livres para se expressar.

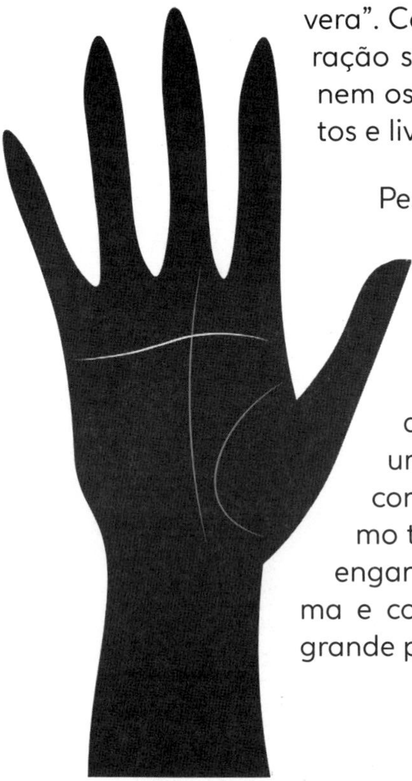

Pessoas com uma linha símia (conhecidas como "símias") colocam a mente e as emoções em tudo o que fazem e têm uma natureza um tanto obsessiva. Em geral, as pessoas símias têm uma capacidade de resistência fenomenal e uma disposição incomparável para conquistar coisas. Podem ser ao mesmo tempo charmosas e rudes. Não se engane com sua aparência muito calma e controlada; elas estão sempre sob grande pressão interna.

## LINHA DO DESTINO

A linha do destino é, em geral, a linha importante mais difícil de ser identificada por aprendizes de quiromantes. É bem comum que essa linha não se forme até que uma pessoa amadureça e esteja na casa dos 20 anos. Não há um problema se essa linha estiver ausente em uma criança; é mais estranho se estiver ausente em uma pessoa próxima dos 30 anos ou mais velha.

A linha do destino sobe do centro da palma da mão, em direção à base do dedo de Saturno. Muitas vezes, é chamada de "linha do caminho da vida", pois indica se encontramos ou não nossa vocação. Representa nosso caráter, nossa atitude no trabalho, nossos objetivos, as intenções pessoais e nosso senso de individualidade. Se a linha estiver ausente, é sinal de que há pouca sensação de identificação e objetivos pessoais. Não há compromisso nem direção, mas a pessoa é motivada por seus pares ou pais. Uma linha que declina, fraca e fraturada, indica que a pessoa não se encontrou ainda e que se sente insatisfeita. Essa linha se desenvolve quando uma pessoa é afastada de influências negativas e se torna capaz de olhar para dentro de si, descobrindo suas paixões e intenções. Quando essa linha tem início na base da palma da mão, demonstra que um senso de responsabilidade começou cedo na vida de uma pessoa, gerando um papel importante fora de casa e um forte senso de dever – o clássico "cabeça velha em ombros jovens".

Muitas vezes, essa linha só tem início no meio da palma da mão, próximo da linha da cabeça. Isso representa uma pessoa cuja vida começou de fato por volta dos 30 anos, quando trabalho e direções de vida se alinham. Quanto mais tarde essa linha se desenvolve, mais tempo leva para a pessoa expandir um senso de propósito.

Se a linha do destino começa no monte Lunar, é um sinal claro de que o trabalho e o estilo de vida da pessoa são muito diferentes dos desejos de sua família. Por outro lado, se a linha começa a partir da linha da vida, revela que a família sempre influenciará qualquer decisão de vida que a pessoa tomar e que o trabalho será baseado na necessidade de segurança e estabilidade.

Linhas completas, que vão desde a base da palma da mão até a base do dedo de Saturno, demonstram um senso oneroso de dever. Representam uma pessoa que torna a vida dura para si assumindo responsabilidades demais. Com frequência, é encontrada em advogados, administradores, pais superzelosos, consultores financeiros e nas forças armadas e em outros serviços militares.

Algumas vezes, a linha do destino não é uma linha única, mas dupla – dois traços correndo lado a lado na palma da mão. Isso indica uma pessoa que pode viver os dois lados de sua personalidade com dois grupos diferentes de interesses, amigos e estilos de vida. Quanto mais separadas as linhas, mais separados os dois lados da personalidade.

## PONTOS DE APRENDIZAGEM

Há quatro linhas maiores na palma da mão: linha da vida, linha do coração, linha da cabeça e linha do destino.

Linhas fortes e profundas representam uma energia forte e profunda, enquanto linhas fracas indicam energia fraca.

As linhas maiores mudam ao longo do tempo, à medida que nós também mudamos.

Sempre leia as linhas no contexto da palma da mão inteira.

A linha da vida está relacionada à segurança e à estabilidade.

A linha do coração é indicadora da capacidade da pessoa de se emocionar.

A linha da cabeça mostra como processamos mentalmente as informações – se somos equilibrados ou instáveis, intuitivos ou influenciados por fatos.

Linhas símias são formadas quando as linhas da cabeça e do coração se fundem em uma só.

Pessoas com linhas símias podem ser muito intensas e focadas, e, em geral, vivem sob grande pressão.

A linha do destino é a mais difícil de identificar e indica nossos valores e objetivos.

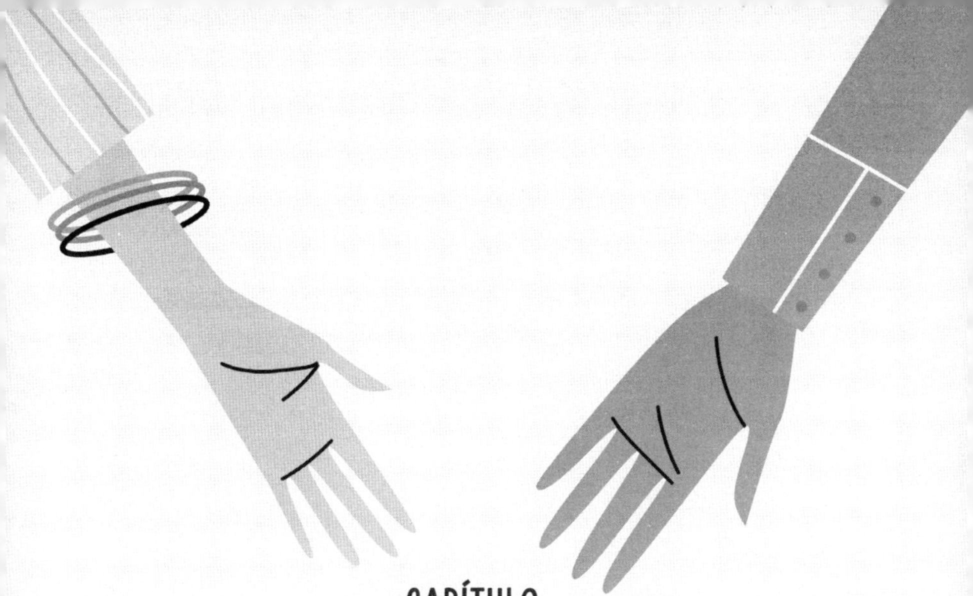

CAPÍTULO

# 4

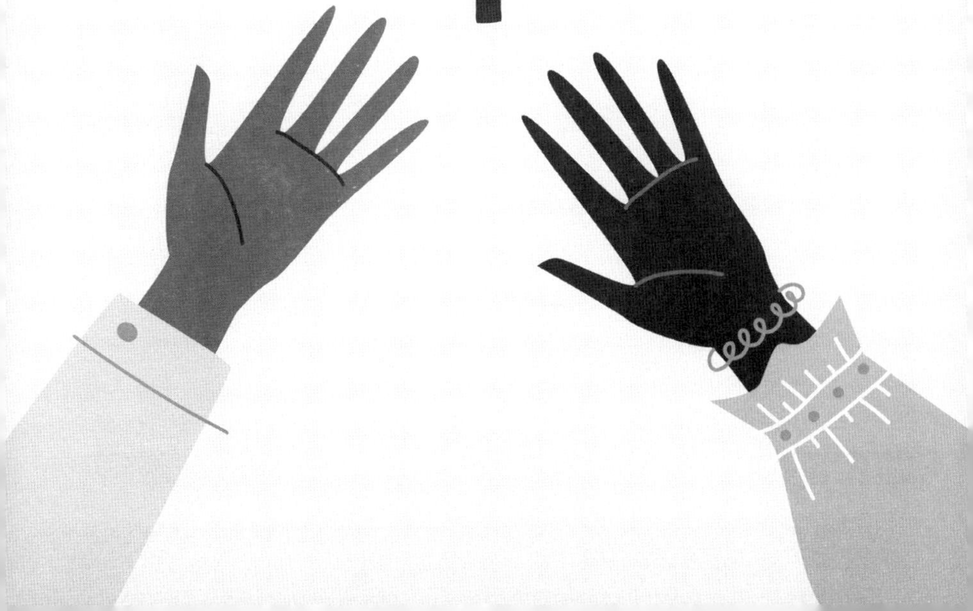

# AS LINHAS MENORES

As linhas menores são muito mais fracas, ásperas, variáveis e mais obscuras que as linhas maiores. Indicam motivações específicas, talentos ou traços de personalidade que podem ser especialmente poderosas em uma leitura. Pouquíssimas pessoas têm todas as linhas menores em suas mãos – algumas podem não ter. Como são muito individuais e mostram a complexidade e a singularidade da natureza humana, linhas menores mudam muito rápido. Podem desaparecer e reaparecer em poucos meses.

Neste capítulo, você aprenderá a identificar algumas das linhas menores que podem ser encontradas em uma palma de mão durante uma leitura.

## LINHA DE APOLO

A linha de Apolo é fina como um fio e segue no sentido vertical abaixo do dedo de Apolo. Essa linha é quase sempre visível no monte de Apolo, mas só é importante e significativa em uma leitura quando se estende abaixo da linha do coração por pelo menos 2,5 centímetros. Se ela se estender esse tanto, pode ser vista como uma indicadora de felicidade. Isso se deve ao fato de apenas aparecer quando desenvolvemos uma vida interior tranquila e nos sentimos satisfeitos com nossa condição. É sempre um sinal positivo. De fato, quanto mais longa é a linha, mais feliz é a pessoa. As pessoas com uma linha de Apolo bem desenvolvida amam a própria companhia e, muitas vezes, se sentem conectadas a um nível mais elevado. É encontrada em pessoas que se tornaram completamente absorvidas por uma atividade, como alguma arte, uma terapia ou uma prática que proporcione bem-estar.

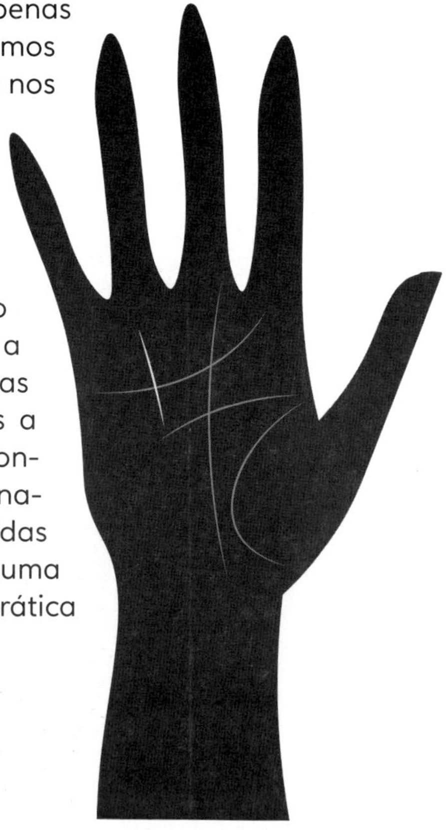

## LINHA DA INTUIÇÃO

A linha da intuição é muito rara. É uma linha em forma de arco que segue acima do lado ulnar da palma, abaixo do dedo de Mercúrio. Representa poderes intuitivos, *insights* e a capacidade de ver e sentir fenômenos além do estritamente racional; está sempre presente em médiuns e videntes.

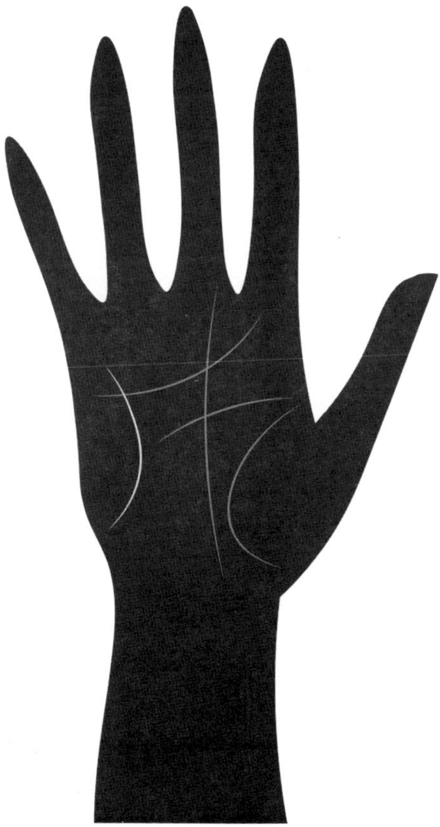

## LINHA DE MARTE

A linha de Marte está situada no interior do arco da linha da vida, acima do polegar. Em nove entre dez casos em que está presente, a linha de Marte é fraca e curta – tem menos de 2,5 centímetros –, mas isso não é motivo de preocupação. Contudo, quando a linha é longa – quando tem mais de 2,5 centímetros – e também vermelha e profunda, denota uma característica competitiva e dura na constituição de uma pessoa. Representa uma motivação vigorosa e ativa e demonstra que essa pessoa está sempre pronta para um desafio. Uma linha de Marte forte é comum em atletas, sobretudo em praticantes de artes marciais. Quando essa linha é forte, há sempre na pessoa um sentimento de querer testar seus limites. Às vezes, há uma linha fina conectando a linha da cabeça à linha de Marte. Embora seja rara, sempre indica uma pessoa que discute e se ofende com facilidade.

## LINHA DA SAÚDE

Essa é uma linha única ou que compõe uma série de linhas irregulares, seguindo na vertical, da base da palma da mão para o monte de Mercúrio. É fortemente conectada à atividade do nervo vago, que regula a digestão e a respiração. A linha da saúde é quase sempre malformada e se deteriora com a idade. Quanto mais profunda e interrompida, mais os processos corporais são afetados. Quando (em casos muito raros) a linha é clara, singular e fina, denota uma mente inventiva, original, e uma excelente conexão mente-corpo. É comum em praticantes de yoga, *tai chi* e meditação e em pensadores originais.

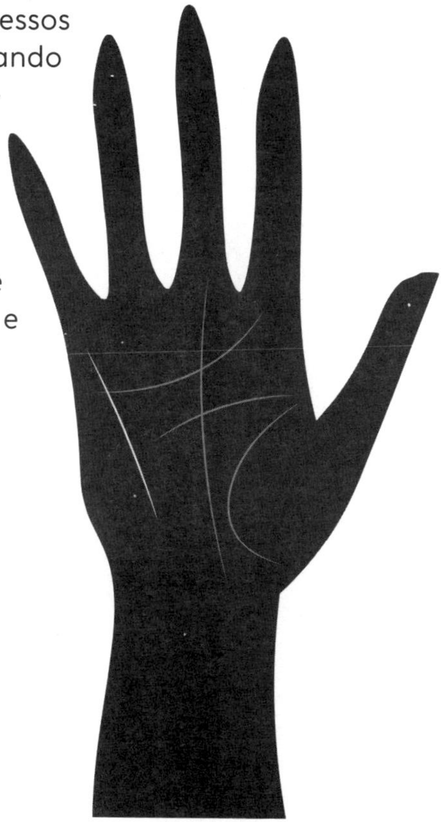

## VIA LASCIVA

É uma linha curva que atravessa a base do monte Lunar. A via lasciva indica uma pessoa que é atraída por estímulos e por rotinas dinâmicas de exercícios e experiências que lhe proporcionem prazer físico. É também sinal de uma intensa reação a intoxicantes. Se você descobrir essa linha em uma leitura, deve aconselhar a pessoa a fazer um teste de alergia.

## CINTURÃO DE VÊNUS

O cinturão de Vênus é uma linha horizontal que flutua acima da linha do coração. Em geral, é fragmentado e raramente é encontrado de forma completa. É sinal de uma personalidade que está sempre em busca de experiências mais elevadas, seja na forma de bebidas, drogas ou festas. Em uma mão de pele áspera, pode sugerir alguém que participa de experimentações sensuais e sexuais; em uma palma de pele mais macia, pode indicar alguém que ama as artes ou sempre tenta atingir os picos da perfeição. É sempre sinal de um amor à luxúria e ao exótico.

Se o cinturão de Vênus é aparente, é como uma miragem na mente de uma pessoa, sempre atraindo-a para o mágico, o místico e o exótico. Mestres espirituais e visionários costumam ter um cinturão de Vênus evidente. Quanto mais forte a linha, mais forte a necessidade de escapar da realidade e mais difícil é estar confinado ao cotidiano. Quando o cinturão de Vênus se mostra de forma fragmentária, expressa uma disposição fragmentada, nervosa, e a necessidade de estar de algum modo dopado e fora de si.

## ANEL DE SALOMÃO

O anel de Salomão é uma linha muito fina que circula a base do dedo de Júpiter. Essa linha expressa um fascínio pela psicologia e uma forte visão da personalidade de outras pessoas. É encontrado, em geral, nas palmas das mãos de conselheiros, psicólogos e bons ouvintes.

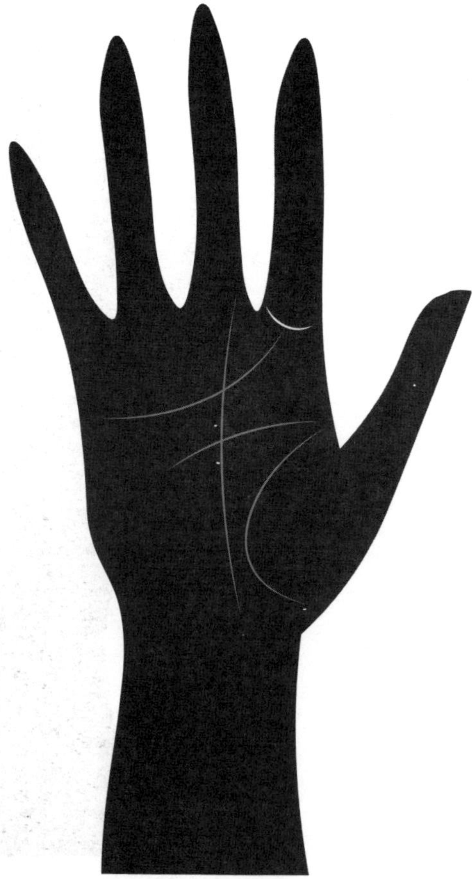

## LINHAS DE VIAGEM

Linhas de viagem são ramificações na base da linha da vida que se estendem para a base do monte Lunar. Aparecem, em geral, como linhas múltiplas. Essas linhas não apenas expressam uma necessidade irresistível de viajar como também indicam a necessidade que a pessoa tem de encontrar novidades e sua relutância em se sobrecarregar com responsabilidades demais, que a mantenham próxima de casa. Quanto mais linhas de viagem você vê, mais inquieta é a pessoa, embora seja raro ver mais do que três linhas de viagem em uma mão.

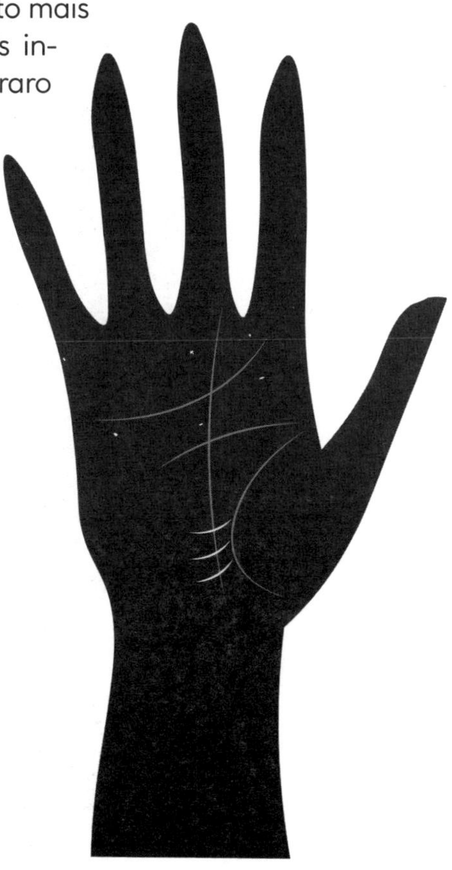

## QUADRADO DOS INSTRUTORES

O quadrado dos instrutores não é um quadrilátero perfeito, mas é constituído por quatro linhas aleatórias que formam o esboço de um quadrado no monte de Júpiter. Essa marca indica uma predisposição para gerir pessoas, inspirar e instruir em prol de obter o melhor dos outros.

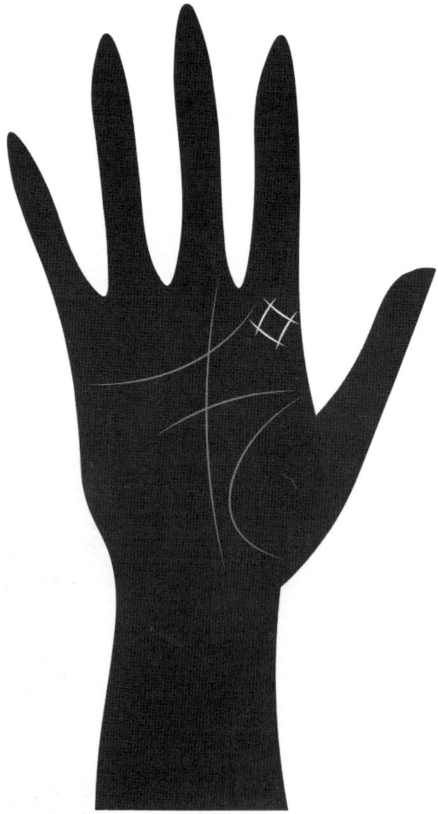

## LINHA DA PAIXÃO

A linha da paixão forma um ângulo desde a linha do coração até o monte de Mercúrio. Representa um aspecto um tanto visual e imaginativo da sexualidade. Pessoas com essa linha escolhem seus parceiros por seu magnetismo sexual em detrimento de qualquer outra coisa; têm sempre uma vida sexual vibrante – são mais experimentais e tendem a usar imagens ou literatura erótica, ou ser fascinadas por elas. A linha não indica necessariamente uma motivação sexual muito elevada, mas há sempre uma curiosidade sexual nessa personalidade.

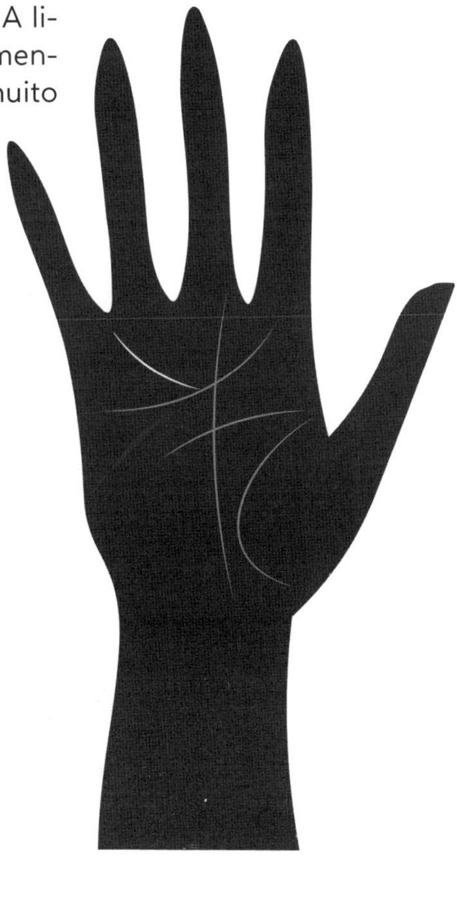

## LAÇO DA NATUREZA

O laço da natureza surge quando os sulcos da pele formam um tipo de laço voltado para fora no extremo do monte Lunar. Indica um desejo de estar livre e um anseio por estar próximo à natureza. Tem sido também vinculado à habilidade de adivinhar e curar e a uma fascinação por mistério e ocultismo.

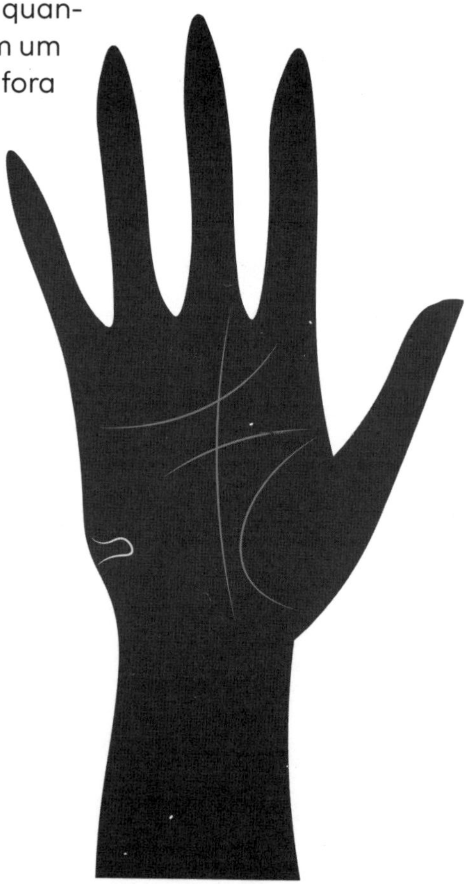

## LAÇO DA SENSIBILIDADE

O laço da sensibilidade está voltado para a parte de dentro do monte Lunar e é muito comum. Indica uma consciência elevada – um tipo de sexto sentido. A pessoa pode captar subcorrentes no ambiente e é muito intuitiva em suas relações. Essa característica é encontrada, em geral, nas mãos de artistas, médiuns e paranormais.

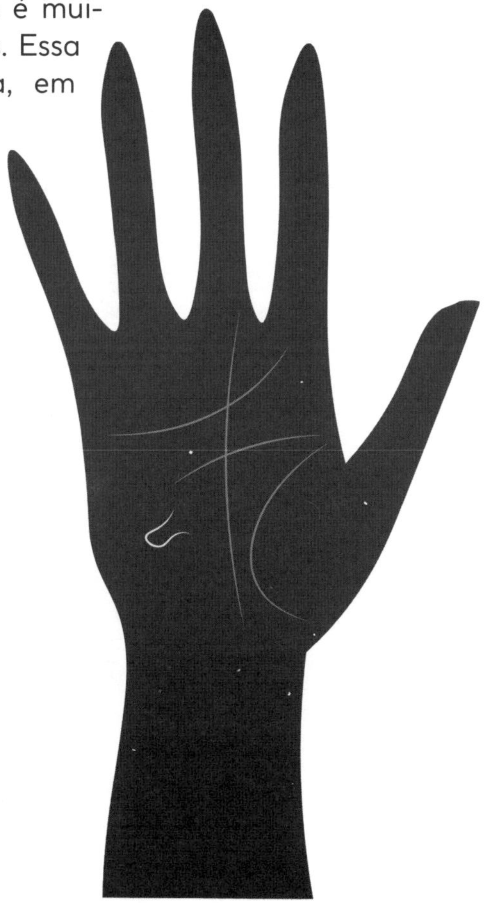

## LAÇO DA MÚSICA

Esse traço raro é situado na base do monte de Vênus. É um laço que lembra um quadrado surgindo da base do monte de Vênus. A pessoa mostra sensibilidade à música e ao ritmo, de modo que músicos e dançarinos, muitas vezes, têm essa marca.

## ESPIRAL DE ISOLAMENTO

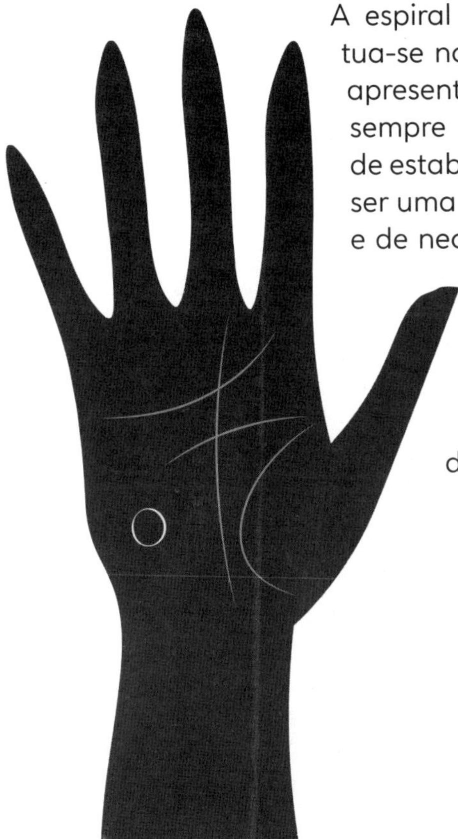

A espiral de isolamento é rara e situa-se no monte Lunar. Pessoas que apresentam essa marca são quase sempre muito reservadas e difíceis de estabelecer uma intimidade. Pode ser uma indicação de excentricidade e de necessidade de espaço. É também um símbolo artístico, pois a necessidade da pessoa de se expressar no âmbito criativo, muitas vezes, vem de um sentimento de estar isolada do mundo.

## MARCAS VARIADAS

Com frequência, você vai se deparar com marcas aleatórias como cruzes, estrelas e outros símbolos não identificáveis. Muitas pessoas têm algumas dessas marcas em algum lugar na palma da mão. Como resultado do lado antigo, supersticioso e preditivo da quiromancia, algumas vezes, marcas aleatórias provocam preocupação e medo. Contudo, seu significado não tem tanta importância, pois essas marcas podem aparecer e desaparecer muito rápido. Um bom exemplo disso são as linhas minúsculas no extremo externo da palma da mão, abaixo do dedo de Mercúrio. Por tradição, esses sinais indicavam quantos casamentos e quantos filhos a pessoa teria, e eles ainda fascinam muitas pessoas. No entanto, essa interpretação, como a de muitas outras marcas e padrões, mostrou-se sem sentido. É muito mais importante, em uma leitura, focar os elementos mais evidentes — o formato da mão, quaisquer dedos mais longos ou curtos ou impressões digitais não ulnares.

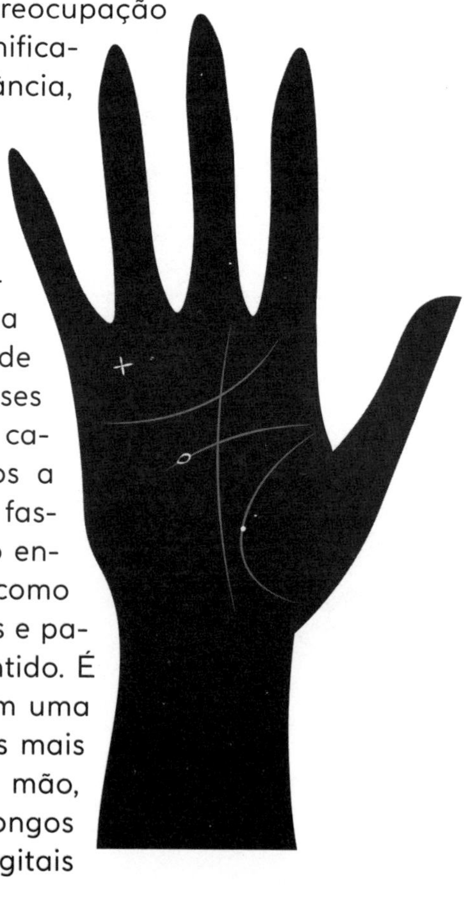

Se você deseja examinar marcas aleatórias, pode ter uma noção de seu significado por meio de sua localização. Por exemplo, se uma marca está no monte de Júpiter, deve estar relacionada a questões de ambição, poder pessoal, autoridade e ideais. A própria marca também dá uma indicação de seu significado. Vejamos:

★ **cruzes** representam duas motivações ou situações opostas e a necessidade de tomar alguma decisão;

★ **pontos** indicam problemas provocados por agitação interna;

★ **ilhas** são sinais de confusão.

Saiba que o formato da mão, a textura da pele, as linhas maiores, entre outros elementos, são muito mais importantes que essas marcas obscuras. Por isso, não perca muito tempo com elas.

## PONTOS DE APRENDIZAGEM

Linhas menores são indistintas, irregulares e mais variáveis e obscuras que as linhas maiores.

Pouquíssimas pessoas têm todas as linhas menores; algumas não as têm.

A linha de Apolo só é importante se ficar mais de 2,5 centímetros abaixo da linha do coração.

A linha da intuição, em forma de arco, é rara e revela poderes intuitivos e de clarividência.

Uma linha de Marte forte sugere uma natureza competitiva.

A linha da saúde, às vezes, forma uma série de linhas irregulares e se deteriora com a idade, à medida que a saúde declina.

A via lasciva expressa uma necessidade de agitação e exercícios e uma obsessão pela saúde.

O cinturão de Vênus é comum em artistas, fantasistas e buscadores espirituais, pois indica uma necessidade de experiências mais elevadas.

O anel de Salomão representa uma pessoa que é conselheira natural e boa ouvinte.

Linhas de viagem revelam a necessidade de viajar, fazer mudanças e versatilidade.

O quadrado dos instrutores indica uma pessoa instrutora ou administradora natural.

A linha da paixão revela imaginação sexual vívida e erotismo ampliado.

O laço da natureza é um indicador poderoso de amor pela natureza e do dom para adivinhação.

Um laço da sensibilidade sinaliza o sexto sentido.

Laços da música são comuns em músicos e dançarinos, pois revelam uma forte sensibilidade ao ritmo.

Espirais de isolamento são raras e revelam uma pessoa muito reservada, que necessita de tempo para ficar sozinha.

Marcas aleatórias como cruzes, estrelas e círculos não têm muita importância e, assim como surgem, desaparecem com o tempo.

Marcas obscuras sempre estão relacionadas com a parte da mão em que são encontradas.

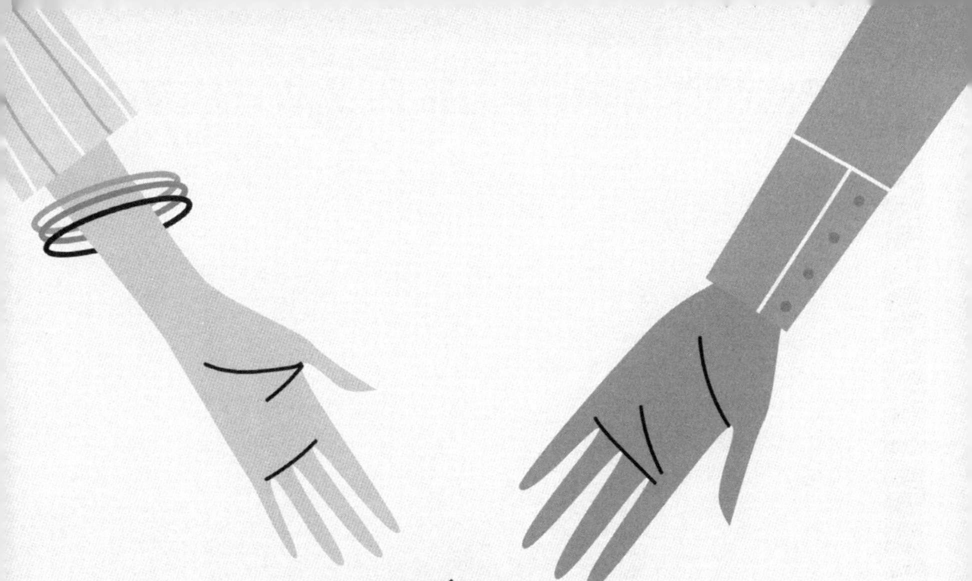

# CAPÍTULO 5

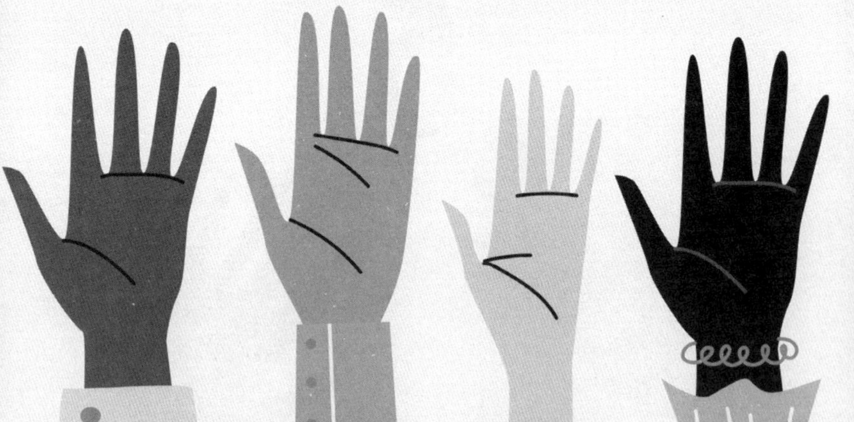

# PRATICANDO EM MÃOS REAIS

## AS MÃOS DE IVY

Agora, é o momento de colocar tudo o que aprendemos em prática. As mãos mostradas nas próximas páginas são as mãos de Ivy, uma mulher de 34 anos, solteira, hipnoterapeuta. Impressões digitais também foram destacadas para ajudar a identificação. Tente verificar o que pode descobrir a partir das mãos de Ivy antes de continuar a ler minhas observações e conclusões. Uma coisa importante a observar antes de começar é que a mão dominante de Ivy é a direita.

Deve-se notar que a qualidade da pele de Ivy é sedosa. Isso indica uma pessoa muito sensível (ela odeia barulho e qualquer outro tipo de poluição). Ivy precisa de uma dieta saudável e de um estilo de vida tranquilo. Em seguida, olhe para o farmato da palma da mão. A palma quadrada e os dedos longos representam uma mão do elemento Ar. Ivy é alta e magra; ela habita o mundo das ideias e valoriza sua independência. É uma não conformista excêntrica.

O monte de Vênus é um pouco alongado na palma ativa. Isso sugere que seus níveis de energia são elevados e indica paixão pela vida.

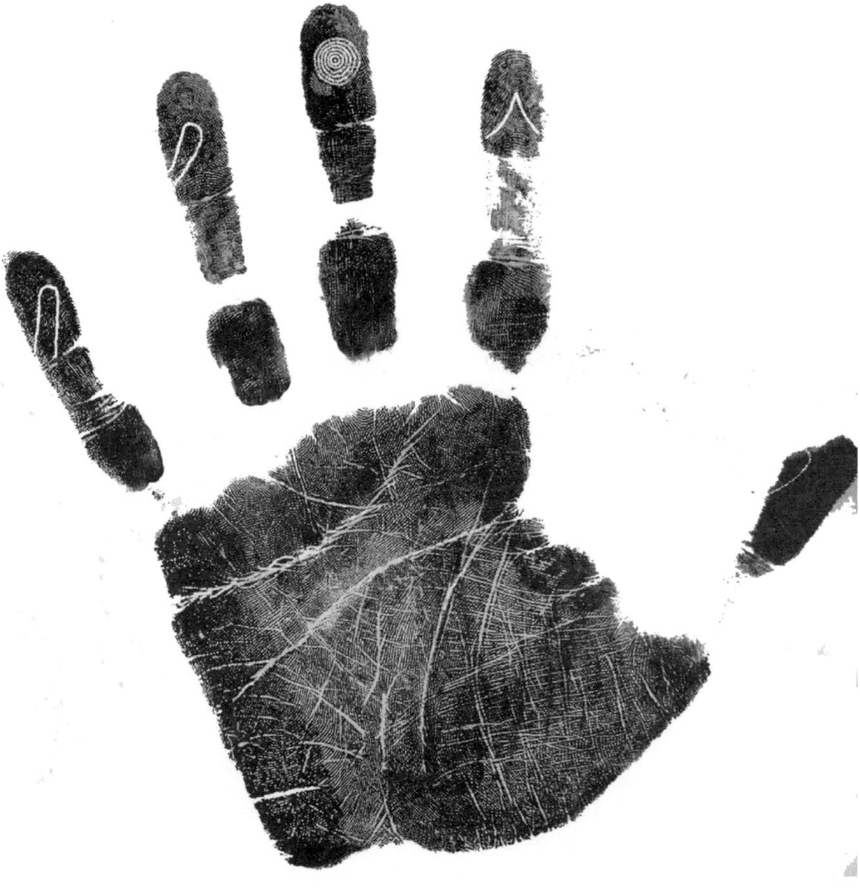

IMPRESSÃO DA MÃO ESQUERDA DE IVY

Informações extras:
- polegar rígido
- monte de Vênus grande
- dedo de Júpiter curto
- pele sedosa

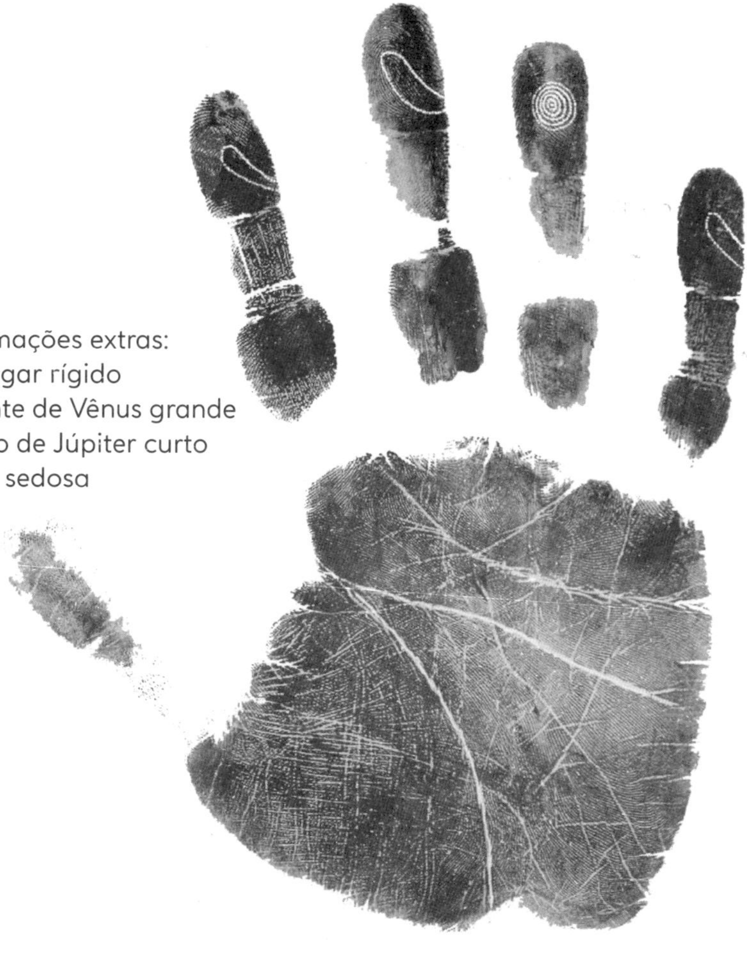

*IMPRESSÃO DA MÃO DIREITA DE IVY*

### OS DEDOS DE IVY

Agora, olhe para os dedos. O dedo de Mercúrio na palma ativa está meio dobrado, o que simboliza um dom para diplomacia e a capacidade de distorcer a verdade. Quanto às falanges, os níveis inferior e superior são bem desenvolvidos, mas todas as falanges intermediárias são pequenas. As seções inferiores revelam um alto grau de sensualidade. As falanges superiores mostram uma fascinação por filosofia, ideais e conceitos abstratos. As falanges intermediárias mais fracas mostram uma falta de organização e, talvez, alguma lentidão para colocar planos em ação.

Os dedos de Júpiter de ambas as mãos são curtos; há um arco em forma de tenda na mão passiva e um laço ulnar na mão ativa. Ivy é muito insegura e pode, às vezes, sentir-se inadequada. Seu senso de poder pessoal e responsabilidade pode não ter sido reforçado na infância, e, por isso, ela necessita evitar a autonegligência. O arco em forma de tenda na palma passiva indica que Ivy é idealista e agitada; ela pode inclusive ser, às vezes, muito dramática.

O dedo de Saturno tem um laço ulnar na mão ativa e uma espiral na passiva. Isso indica que Ivy é uma rebelde em potencial e que é obcecada por liberdade – uma espiral nesse dedo é comum nas pessoas que se casam tarde ou que nunca se casam.

O dedo de Apolo é longo em ambas as mãos e tem uma espiral na mão ativa. Isso mostra que Ivy necessita de atenção e admira formas de autoexpressão, como pintura ou fotografia. A espiral sugere uma elegância acentuada no estilo de se vestir e um dom para *design*, cores e moda.

Os dedos de Mercúrio são bastante longos, o que revela eloquência e inteligência e a habilidade para usar a linguagem de maneira efetiva.

Os polegares são rígidos. Essa rigidez revela que Ivy se esforça muito para atingir objetivos, e a espiral mostra que, em sua vida profissional, ela é uma pessoa que tem iniciativa e é muito original em sua abordagem.

### *AS LINHAS DE IVY*

Passando para as linhas, e iniciando pela linha da vida, vemos que ela é boa e ampla na mão ativa; porém, na palma passiva, falta a seção inferior. Na vida externa de Ivy (representada por sua mão ativa), ela é atuante e tem os pés no chão; cultiva hábitos e um estilo de vida saudáveis e regulares. Contudo, em sua vida privada (retratada pela mão passiva), vemos que ela é insegura e aérea. Um sinal de que, quando criança, estruturas familiares estáveis não foram reforçadas.

A linha do coração tem uma qualidade de "arame farpado". No âmbito afetivo, Ivy não consegue se entregar por inteiro nas relações; ela tende a racionalizar demais seus sentimentos. Por isso, suas emoções são complexas e confusas. Como sua linha do coração termina embaixo de seu dedo de Júpiter, podemos ver que ela é idealista, mas não tão empática quanto poderia ser.

A linha da cabeça é muito longa e reta em ambas as palmas. Ivy tem uma natureza não sentimental, analítica e é muito inteligente. Pensa de forma racional e é filosófica; está sempre especulando sobre possibilidades.

A linha do destino está presente apenas em fragmentos na mão passiva e se curva para cima a partir do monte lunar na palma ativa. Ivy não tem certeza de quem é em sua vida pessoal e não consegue se comprometer em relacionamentos. Contudo, no trabalho, ela encontra satisfação e tem clareza a respeito de seus objetivos. Por exemplo, ela adora trabalhar com pessoas. Seu trabalho e estilo de vida podem ser muito diferentes dos desejos de sua família. Esse é um dos muitos sinais (assim como dedos de Júpiter curtos, ausência de base da linha da vida, linha do coração de baixa qualidade) que indicam que o início de sua vida pode ter sido problemático.

Das linhas menores, as mais óbvias são as linhas da paixão em ambas as mãos, revelando que ela tem uma sensibilidade bastante voltada ao erotismo. Reexamine as impressões, certifique-se de que entende cada ponto que expliquei agora de forma completa e verifique se consegue fazer quaisquer outras observações.

## A MÃO DE DAVID

Agora, você está por sua conta! Respire fundo e acalme a mente. Neste momento, você mesmo vai examinar uma palma de mão e responder a algumas perguntas com base em seu conhecimento recém-adquirido. Se tudo correr bem, você ficará contente ao perceber o quanto pode descobrir sobre David a partir do estudo de sua palma ativa. Se tiver alguma dúvida, basta voltar aos pontos de aprendizagem do livro, ou ao capítulo relevante, para refrescar a memória. Apresento minhas respostas na página 112, e então revelo quem é David para que você possa ver se suas observações batem com o homem em questão.

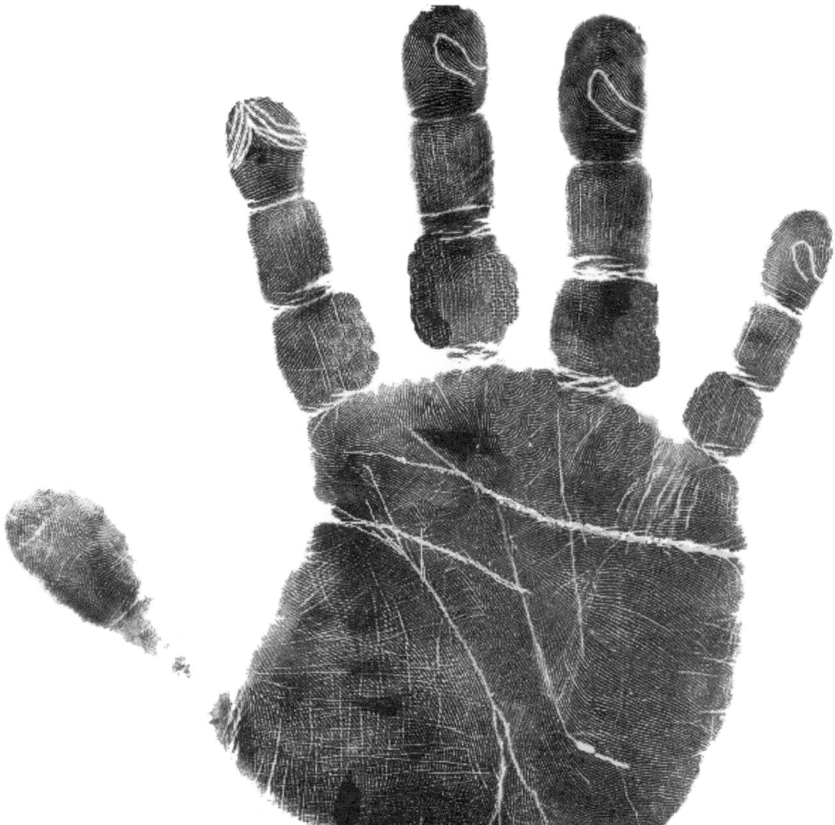

IMPRESSÃO DA MÃO DE DAVID

## QUESTÕES A CONSIDERAR

1. Que formato de mão é esse? Ele revela uma pessoa alta, amante da liberdade, racional? Que tipo de corpo ele pode ter?

2. A textura da pele é granulosa – qual é o resultado dessa combinação entre a forma elemental da mão e a textura da pele? Ele poderia ser um programador de computador nato?

3. David tem um monte de Vênus grande. Ele seria letárgico e teria falta de energia, ou teria um espírito ativo e repleto de energia?

4. Algum dos níveis das falanges se destaca como extragrande ou pequeno?

5. O que a impressão do polegar diz a você? Ela mostra uma atitude consistente com esforço e uso determinado da força de vontade?

6. O dedo de Júpiter tem um comprimento normal? Se não, o que você pode dizer sobre ele? O que a impressão no dedo de Júpiter diz a você? Ele é alguém hipersensível às necessidades alheias e gosta de agradar as pessoas?

7. Olhe para o dedo de Saturno – David pode ser convencional em sua atitude para com a autoridade?
8. O dedo de Apolo é longo ou curto? O que isso significa?
9. Analisando a linha da vida, você acha que David é uma pessoa insegura, instável?
10. Agora, vamos examinar a linha do coração. Ele é frio ou antissocial? Qual é sua natureza emocional?
11. Examine a linha da cabeça. David é um sonhador introvertido, introspectivo? Você pode descrever a maneira como ele pensa?
12. Olhe para a linha do destino. Ele poderia ser funcionário em um emprego seguro e remunerado? Ou escolheria o caminho de uma carreira mais social, artística e pessoal?
13. As linhas menores deveriam ser examinadas neste ponto – há algumas poucas linhas atingindo o topo da linha da vida, uma linha de Apolo e uma linha de viagem nessa palma. O que significam?
14. Você pode escrever um breve resumo do caráter de David?

Se você respondeu a cada questão da maneira mais completa possível, extraindo o máximo de informações de cada ponto, terá muito com o que prosseguir.

## RESPOSTAS SOBRE A MÃO DE DAVID

Aqui estão as respostas às perguntas sobre as mãos de David. Veja o que você conseguiu acertar e se captou todos os detalhes.

### PERGUNTA 1

Essa é uma mão Terra (com a palma quadrada e os dedos curtos). Indica que David não é uma pessoa cerebral (do tipo Ar). Em vez disso, os tipos Terra são personalidades pragmáticas; são pessoas com os pés no chão, terrenas, focadas no lar, na família e na segurança. O tipo físico de David é baixo e atarracado.

### PERGUNTA 2

Não, essa não é a mão de um programador de computador. A pele granulosa e a palma Terra representam um tipo orientado para a ação, que está sempre ocupado com atividades físicas. David não manteria o foco sentado, olhando para um computador.

### PERGUNTA 3

Um monte de Vênus volumoso e cheio é comum em mãos Terra e representa uma imensa quantidade de energia e paixão pela vida. Combinado à fisicalidade do formato da mão Terra e ao dinamismo da pele granulosa, isso mostra que David é uma pessoa de muita vitalidade.

### PERGUNTA 4

As falanges inferiores são claramente grandes. Isso demonstra que David é um tipo sensual e hedonista, que prioriza comidas e prazeres físicos. Essas tentações podem levá-lo a ter de controlar o peso corporal. Suas falanges médias e superiores são normais.

### PERGUNTA 5

A impressão do polegar é um laço composto. Isso representa dualidade e hesitação em tomar decisões relativas às formas de avançar na vida. Pode representar dúvida e confusão relacionadas ao modo de alcançar o que deseja.

### PERGUNTA 6

O dedo de Júpiter é curto. Isso indica que David tem um pequeno complexo de inferioridade e pode sofrer de insegurança. Talvez ele tente compensar isso impressionando as pessoas de maneira exagerada. A impressão mostra um arco em forma de tenda sobre o dedo de Júpiter. Esse não é o sinal de uma pessoa prestativa e generosa (isso seria indicado por um laço radial). O arco em forma de tenda representa uma personalidade intensa, incansável, que tem um forte senso para o drama.

### PERGUNTA 7

O dedo de Saturno é curto, o que indica que David não é uma pessoa convencional, e é provável que desafiará a autoridade de algum modo. Isso mostra uma personalidade incomum, pois ele busca segurança e é pragmático (mão Terra), embora não seja tão convencional. A impressão nesse dedo é um laço ulnar, que pode ser ignorado.

### PERGUNTA 8

O dedo de Apolo é longo. Assim, David necessita de um meio para demonstrar seus talentos de algum modo. Ele poderia praticar algum esporte ou expressar seus talentos pelo artesanato (considerando que tem uma palma Terra com um monte de Vênus grande).

### PERGUNTA 9

A linha da vida é de boa qualidade e completa, por isso David tem os pés no chão, é seguro e estável. Tem energia abundante, pode se sustentar, manter sua base e tocar a vida mesmo quando as coisas ficam difíceis. Ele pode prover uma vida estável e segura para si e para sua família.

### PERGUNTA 10

David apresenta uma linha da vida longa, clara e voltada para cima com uma ramificação reta no fim. Isso indica uma gama apaixonada, romântica e expressiva de emoções com um espectro completo de sentimentos e respostas. Ele se conectará no âmbito emocional a muitas pessoas. A ramificação reta no fim mostra um lado dele que adora se aproximar dos outros de um modo afetuoso.

### PERGUNTA 11

Essa linha da cabeça curta, clara e reta mostra o oposto do sonhador introvertido. Ele é muito pragmático e equilibrado. Considerando que é uma pessoa Terra com muita motivação, será uma alma não reflexiva que executa todas as suas ideias. David tende a não olhar a vida pelo aspecto filosófico, mas utiliza toda a sua energia ao fazer as coisas. Tende a ser muito dinâmico e viver o mundo real. Porém, falha por nunca conseguir ver as coisas por uma perspectiva mais ampla.

### PERGUNTA 12

A linha do destino, que começa no monte Lunar, é um sinal de que David escolheu uma carreira e um estilo de vida baseados em suas conexões sociais e em um senso de realização pessoal. Ele não buscou uma profissão segura e estável. No entanto, se acrescentarmos o dedo de Saturno curto, teremos uma pessoa tranquila, consciente de sua segurança, mas não muito segura em relação ao rumo de sua vida.

### PERGUNTA 13

As linhas pequenas no topo da linha da vida são linhas de esforço, que denotam uma pessoa ambiciosa. Há uma linha de Apolo clara e longa, que mostra que David se sente realizado e contente – ele aprecia a própria companhia e se envolve em alguma prática ou arte que lhe dá a sensação de liberdade. A linha de viagem na base da linha da vida mostra uma predileção por viajar e um desejo de se aventurar.

### PERGUNTA 14

Assim, para resumir o caráter de David, temos uma pessoa repleta de contradições. Ele é decidido e prático e tem uma atitude pragmática diante da vida, que valoriza a tradição, a família e o lar. Tem uma natureza animada e ativa; sua pele granulosa e o monte de Vênus nos dizem que ele nunca fica parado por muito tempo. Contudo, há aspectos de sua personalidade opostos aos seus instintos mais profundos. Ele tem uma impressão de arco em forma de tenda em seu dedo Júpiter, que é um sinal de intensidade e de alguém que busca o drama. Ele também tem um dedo de Saturno curto, o que o torna não convencional, e sua linha do destino indica que escolheu um caminho de vida concretizador, que está longe das convenções de sua criação. Podemos ver também uma impressão de laço composto no polegar de David, que mostra que ele tem uma atitude oscilante na tomada de decisões. O dedo de Júpiter é curto; então, ele sente que jamais conseguirá realizar o que almeja, e seu dedo de Apolo longo remete ao desejo de exibir ou mostrar algum talento ou alguma habilidade.

Suas falanges inferiores grandes indicam uma predileção sensual por comida e prazeres. Passando para as linhas, vemos que sua linha da vida forte sugere estabilidade e segurança, embora a linha de viagem exija movimento e aventura em sua vida. A linha da cabeça curta é sinal (como se precisássemos de mais algum) de que ele é um executor ativo e dinâmico, alguém que coloca todas as suas ideias e habilidades em prática. Ele não é, de modo algum, um filósofo. A linha do coração indica uma alma apaixonada, expressiva, romântica, que se dedica de coração à vida, com um senso de compaixão pelos outros. A linha do destino nos mostra que ele não será um carteiro nem um conselheiro. Ao que parece, ele encontrou contentamento e adora o que faz, dado o comprimento de sua linha de Apolo; e suas linhas de aspiração (linhas finas subindo junto ao topo da linha da vida) significam que exigirá de si e irá longe. Contudo, com o dedo de Júpiter curto e a impressão composta em seu polegar, ele evitará excesso de responsabilidade e se empenhará de um modo "para-arranca", com muitas mudanças e variedades.

## E ENTÃO, COMO VOCÊ SE SAIU?

David é pé no chão, pragmático e muito ativo; tem um estilo de vida original, mas é ambicioso. É um *chef* de cozinha que trabalha pelo país num restaurante itinerante que promove a vida alternativa, o vegetarianismo e a preservação do planeta. Isso lhe permite ter o estilo de vida singular que almeja (dedo de Saturno curto), viajar e se aventurar (linha de viagem), e contempla suas falanges inferiores grandes, pois ama comida fresca e de alta qualidade.

David leva sua família em grande parte de suas excursões de trabalho, e todos o ajudam. Ele começou com uma pequena *van*, mas agora atua em um grande conjunto de estruturas móveis que fornecem um ambiente de restaurante colorido.

Tornou-se muito próspero, provendo sua família de forma confortável (linha da vida boa, linhas de esforço). Trabalha em diversas feiras, em festivais e eventos, e se tornou um tipo de celebridade aparecendo na TV local e em várias revistas – isso dá oportunidade ao seu dedo de Apolo longo.

Ele já teve muitas oportunidades para fazer seu negócio prosperar em níveis mais elevados, mas não tem confiança suficiente, não quer responsabilidades demais (dedo de Júpiter curto) e é ambivalente a respeito de se comprometer com uma atividade única (composto no polegar); assim, está sempre aberto para escolher diferentes caminhos e assumir compromissos de trabalho.

É um vegetariano apaixonado e batalhou, junto às autoridades locais, para tornar essa a norma em algumas escolas (dedo de Saturno curto). Montou uma cozinha gratuita para pessoas sem-teto (seção extra compassiva da linha do coração) e é uma alma muito generosa. Nunca para de trabalhar, viajar e fazer coisas. Fala três idiomas, aprendeu a construir e a projetar suas estruturas móveis e é um cavaleiro qualificado. Quase nunca reflete sobre a vida, mas acredita em fazer e agir; não encontra tempo para longas discussões (linha da cabeça curta).

Tem uma pequena propriedade, na qual cultiva ervas, legumes e plantas exóticas; ele passa muitas horas ali, perto da natureza (linha de Apolo). David diria de forma aberta que é uma alma feliz.

Então, como você se saiu? É claro, não se esperava que soubesse *como* David vive com base nos padrões das palmas de suas mãos, mas, sim, que você identificasse algumas qualidades mais profundas e contradições de sua personalidade (terrena, dinâmica, apaixonada, intensa, rebelde, gentil etc.) e seu estilo de vida alternativo. Com certeza, esse foi apenas um esboço conciso da palma direita. Teríamos muito mais trabalho a fazer se também examinássemos a mão esquerda.

# PENSAMENTOS FINAIS

À medida que você for se engajando na quiromancia, descobrirá que pode, em princípio, perceber algumas coisas na palma de uma mão – talvez, o formato e a pele, e talvez uma impressão (não ulnar) incomum. Isso pode lhe dar o que dizer à pessoa em apenas dez minutos, mas esse já seria um grande começo.

Você sempre pode começar fazendo algumas perguntas de um modo sutil para confirmar suas observações. Por exemplo, se você acha que uma pessoa tem a pele sedosa, pode lhe perguntar: "Você se considera bastante sensível?". Ou, se você identificou uma mão Fogo com pele granulosa, pode lhe perguntar: "Você se considera inquieta e está sempre em movimento?".

Olhe para a palma da mão de qualquer pessoa que puder. Cada mão tem uma lição. Proceder dessa maneira lhe dará uma experiência e um retorno maravilhosos e lhe permitirá ter confiança à medida que se tornar quiromante. Você tenderá, então, a se tornar um grande visionário da alma e do funcionamento interior de outras pessoas. Que sua jornada jamais termine!

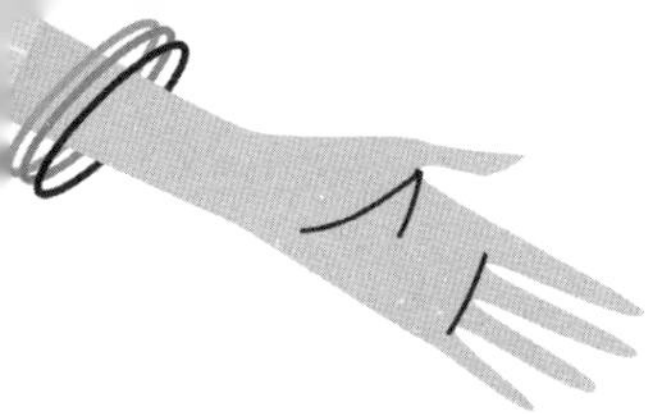

# LISTA RÁPIDA DE REFERÊNCIAS

**Anel de Salomão**: uma linha fraca em torno da base do dedo de Júpiter, simbolizando a habilidade de analisar e compreender os outros.

**Arco em forma de tenda**: formando uma ponta voltada para cima, revela uma pessoa agitada, intensa, dramática, que, por ser inquieta, necessita de repouso.

**Arco simples**: constituído por uma formação de linhas quase planas, uma sobre a outra, em formato de *chevron*, o arco simples mostra uma pessoa muito leal, reservada, trabalhadora e consciente de sua segurança.

**Barras**: um obstáculo que bloqueia o caminho da pessoa em curto prazo.

**Cinturão de Vênus**: linhas horizontais finas acima da linha do coração mostrando a necessidade de fuga e de uma experiência mais elevada.

**Cruzes**: revelam motivações opostas na vida e a necessidade de tomar uma decisão.

**Dedo de Apolo**: o dedo anular, que representa a motivação para autoexpressão e criatividade e a necessidade de ser amado, admirado e de estar de algum modo na cena pública.

**Dedo de Júpiter**: o dedo indicador – o mais importante, pois simboliza autorreflexão, o ego, o senso de si mesmo e o poder pessoal.

**Dedo de Mercúrio**: o dedo mínimo, que representa a qualidade da comunicação social, o âmbito sexual e a comunicação por sinais.

**Dedo de Saturno**: o dedo médio; o dedo da normatividade, das regras, do trabalho, das convenções, das instituições e da família.

**Duplicadas**: uma linha dupla que mostra dois níveis de experiência de qualidade e energia de uma linha.

**Espiral**: formada por uma série de círculos sempre decrescentes, a espiral é um sinalizador de independência, originalidade, amor à solidão e habilidade de trabalhar sozinho.

**Falange**: separação de cada dedo em seções superior, média e inferior.

**Ilhas**: elos de corrente em linhas quebradas que mostram sinais de estresse e dificuldades.

**Laço composto**: formado por dois laços voltados para direções opostas, o laço composto revela alguém incapaz de ver coisas em preto e branco, com habilidade para ver ambos os lados de qualquer situação, identificar padrões de dúvida e incerteza.

**Laço radial**: do mesmo padrão que o laço ulnar, mas voltado para a direção oposta, afastando-se do polegar; representa uma pessoa hipersensível, ávida por agradar, defensiva e propensa a perder seu senso de si mesmo em prol da necessidade alheia.

**Laço ulnar**: o padrão mais comum, o laço ulnar tem uma forma ondulada e indica uma mentalidade de "seguir o fluxo".

**Lado radial**: quando a palma da mão é dividida ao meio, o lado radial é o lado que contém o polegar.

**Lado ulnar**: quando a palma da mão é dividida ao meio, o lado ulnar é o mais distante do polegar.

**Linha da cabeça**: começa próximo ao topo da linha da vida e se estende ao longo do meio da palma, mostrando a extensão do foco mental e da clareza.

**Linha da intuição**: uma linha em forma de arco que sobe no lado ulnar da palma abaixo do dedo de Mercúrio, mostrando uma conexão ao subconsciente intuitivo.

**Linha da paixão**: linha angular que conecta a linha do coração à base do monte de Mercúrio, revelando uma necessidade de paixão e erotismo na vida sexual.

**Linha da saúde**: uma linha única, ou uma série de linhas irregulares, estendendo-se na vertical da base da palma da mão para o monte de Mercúrio, mostrando a condição do nervo vago e a capacidade da pessoa para a tranquilidade mental e a inspiração.

**Linha da vida**: essa linha se curva em torno da base do polegar e mostra a extensão de segurança da pessoa, a fixidez de sua natureza e a estabilidade de caráter.

**Linha de Apolo**: uma linha fina que se estende abaixo do dedo de Apolo e abaixo da linha do coração, representando uma reclusão interna, o sentimento de amar a própria companhia e a sensação de contentamento.

**Linha de Marte**: linha curta sobre o polegar e dentro da linha da vida, revelando a característica competitiva e esportiva da pessoa.

**Linha do coração**: linha horizontal abaixo dos quatro dedos, representando a habilidade da pessoa de se emocionar e expressar sentimentos.

**Linha do destino**: descendo no sentido vertical no centro da palma da mão, a linha do destino mostra o senso de caráter, de direção e a autoconsciência da pessoa.

**Linha símia**: um vínculo incomum das linhas da cabeça e do coração, indicando uma personalidade determinada, intensa, bastante focada, mas reprimida.

**Linhas de esforço**: linhas finas que sobem próximas à linha da vida, revelando alguém ambicioso, que anseia por ascender.

**Linhas de viagem**: ramificações na base da linha da vida que revelam uma motivação para a aventura e as viagens.

**Mão Água**: palma retangular estreita com dedos longos, representando alguém adaptável e focado em ajudar as pessoas.

**Mão ativa**: a mão dominante, que representa os aspectos adultos externos expressos da personalidade.

**Mão passiva**: a mão não dominante, que representa aspectos internos, infantis e latentes da personalidade.

**Monte de Apolo**: encontrado bem abaixo do dedo de Apolo, as linhas traçadas aqui representam os interesses culturais, o autoenaltecimento e a autoexpressão.

**Monte de Júpiter**: encontrado logo abaixo do dedo de Júpiter; se é cruzado por uma linha, a pessoa pode estar lutando contra problemas de ambição, poder pessoal, controle ou autoridade.

**Monte de Marte externo**: encontrado no meio da parte externa do lado ulnar; quando saliente, indica um caráter impositivo e entusiástico.

**Monte de Marte interno**: encontrado logo acima do polegar; uma linha que começa aqui representa força mental ou física.

**Monte de Mercúrio**: encontrado logo abaixo do dedo de Mercúrio; linhas identificadas aqui estão relacionadas a comércio, comunicação, eloquência, engano, sofisticação social e inteligência.

**Monte de Plutão**: encontrado na base do lado radial, esse monte só é importante quando cruzado por uma linha.

**Monte de Saturno**: encontrado logo abaixo do dedo de Saturno; se cruzado por uma linha, a pessoa pode estar enfrentando problemas com restrições, regras e compromissos de vida.

**Monte de Vênus**: monte grande e carnudo na base do polegar, que mostra se a pessoa é ativa ou não.

**Monte Lunar**: na base do lado ulnar da palma, revela o subconsciente coletivo, os humores e os sonhos.

**Palma Ar**: palma grande, quadrada, com dedos longos, representando uma pessoa orientada a ideias, que tem princípios elevados e grandiosos.

**Palma Fogo**: palma retangular com dedos curtos, revelando uma personalidade de sangue quente, dinâmica e orientada a objetivos.

**Palma Terra**: palma quadrada e com dedos curtos, representa uma pessoa prática e não intelectual.

**Pele de papel**: seca e fina como papel, mostra sulcos estreitamente granulados e finos, com longas linhas irregulares na impressão de uma palma; significa que a pessoa é suscetível a estímulos visuais e verbais.

**Pele granulosa**: mostra sulcos firmes, duros, com linhas vermelhas fortes como cortes na impressão de uma palma; significa que a pessoa é boa em esportes, ocupada, ativa e que tem respostas físicas rápidas.

**Pele grossa**: pele dura, áspera, que mostra apenas algumas linhas profundas na impressão da palma da mão; significa que a pessoa gosta de viver ao ar livre, é firme e robusta.

**Pele sedosa**: pele suave que mostra poucos sulcos visíveis e muitas linhas finas na impressão da palma da mão; significa que a pessoa é muito sensível e consciente do ambiente, de suas preferências e energias.

**Plano de Marte**: área central da palma da mão, nunca elevada.

**Quadrado dos instrutores**: uma forma meio quadrada no monte de Júpiter, que representa boas habilidades de administração, organização e ensino.

**Via lasciva**: uma linha curva na base da palma da mão, no monte Lunar, que indica obsessão com a saúde, alergias e um sistema imunológico provavelmente super-responsivo.

# LEITURA COMPLEMENTAR

*Beaven, Don e Brooks, Stafford Eric. Colour Atlas of The Nail in Clinical Diagnosis, Mosby, 1984.*

*Benham, W. The Laws of Scientific Hand Reading, 1900, reimpresso como The Benham Book of Palmistry, Newcastle, 1988.*

*Brandon-Jones, D. Your Palm: Barometer of Health, Rider, 1985.*

*Clifford, F. Palmistry 4 Today, Flare Books, 2010.*

*_____. Dermatoglyphics in Medical Disorders, Springer, 1976.*

*Fincham, J. The Spellbinding Power of Palmistry, Green Magic, 2009b.*

*Fitzherbert, A. Hand Psychology, Avery Publishing Group, 1989.*

*Fitzherbert, A. e Altman, N. Palmistry: Your Career in Your Hands, Aquarian, 1989.*

*Gettings, F. The Book of the Hand, Hamlyn, 1965.*

*_____. The Book of Palmistry, Tribune Books, 1974, reimpresso como Palmistry, Chancellor Press, 1993.*

*Hutchinson, B. Your Life in Your Hands, Sphere, 1967.*

*Jaquin, N. The Hand Speaks, Londres, 1942.*

*Manning, J. T. The Finger Book, Faber and Faber, 2009.*

*Scheimann, E. e Altman, N. Medical Palmistry, Aquarian, 1989.*

*Wolff, C. The Hand in Psychological Diagnosis, Methuen, 1951.*

*Na internet: www.johnnyfincham.com e www.handanalysis.co.uk*

# AGRADECIMENTOS

Agradeço muito a meus diversos alunos e clientes que, ao longo dos anos, me ensinaram tanto.
Agradeço também a Jo Richardson e Jai-Jai por todo afeto.

# ÍNDICE REMISSIVO